KB270640

우리가 매일 쓰는 이 입말, 중국어로 어떻게 말할까요?

중국네이티브가 가장 많이 쓰는 중국어 표현 BEST

중국네이티브가 가장 많이 쓰는 중국어 표현 BEST

초판 1쇄발행	2008년 10월 24일
초판 3쇄발행	2012년 2월 20일

저　　자	우치갑, 백형술, 강수정, 포혜려 공편
발 행 인	윤우상
책임편집	윤병호, 최준명
북디자인	Design Didot 디자인디도
발 행 처	송산출판사
주　　소	서울특별시 서대문구 홍제 4동 104-6
전　　화	(02) 735-6189
팩　　스	(02) 737-2260
홈페이지	http://www.songsanpub.co.kr
등록일자	1976년 2월 2일. 제 9-40호

ISBN　　978-89-7780-124-0　13720

우리가 매일 쓰는 이 입말, 중국어로 어떻게 말할까요?

중국네이티브가 가장 많이 쓰는 중국어 표현 BEST

우치갑 백형술 강수정 포혜려 공편

송산출판사

머리말

요즈음 교과서적인 중국어표현에 치중하여 억지로 끼워 맞추는 구식표현보다는 일찍이 접해보지 못했던 우리말의 어감과 잘 맞아 떨어지는 톡톡 튀는 일상적인 표현에 관심이 집중되고 있다. 이러한 학습 분위기의 전환과 발상으로 쉽고 재미있으며 누구나 궁금해 할 만한 입말 표현, 세련된 표현에 목말라 하던 초.중급 자들을 대상으로 한 실용적인 교재개발을 고민하게 되었다.

이 책은 우선 네티즌을 상대로 입에 자주 오르내리는 우리말 표현을 수집하고 그 가운데 1000개 문장을 선정했으며, 이를 표본으로 중국어를 학습하고 있는 중학생, 고등학생, 대학생, 중국어교사 및 일반인들을 대상으로 베스트 표현 300개를 뽑아 1위부터 300위까지 순위를 정했다.

베스트 순위를 선정하면서 저자인 우리들도 이렇게 일상적이고 간단한 표현이 순간순간 중국어로 쉽게 전환되지 않는다는 사실에 깜짝 놀랐다. 이것은 지금까지 우리의 중국어 학습이 감정표현과는 거리가 먼 교과서적인 표현에 머물렀기 때문이기도 하며, 간단하고 많이 쓰는 입말에 익숙지 않은 학습자들이 오히려 쉬운 표현에 곤혹감을 느끼고 궁금해 하기 때문일 것이 다.

우리가 일상생활에서 많이 쓰는 입말, 그러나 막상 중국어로 표현하려면 막막하여 입가에서만 맴돌던 표현들, 우리가 늘 사용하는 것처럼 중국

네이티브들도 자주 쓰는 짧고 쉬운 표현만을 모아 고스란히 살려놓았다. 또한 각 표현마다 쉽게 활용할 수 있는 대화문으로 구성하여 학습효과를 극대화하도록 했다.

이 책이 중국어를 공부하는 모든 학습자들이 언어사고의 폭을 넓히고 어색했던 표현의 한계를 극복하고 자연스런 대화로 안내하는 색다른 중국어 학습의 혁명이 되기를 기대한다.

끝으로 이 책이 나오기 까지 많은 수고의 손길을 거쳤다. 백신고등학교 중국어교사 김연화선생님 그리고 현대 중국어의 보급에 지대한 관심을 갖고 이 교재의 출판을 허락해주신 윤우상사장님께 감사를 드리고, 전체적으로 멋진 책이 되도록 꼼꼼한 교열과 디자인에 많은 도움을 준 윤병호과장과 최준명대리에게 감사를 드린다.

2008. 08. 08.

편저자

이 책은 이런 점이 좋아요!

1. 우리가 매일 쓰는 우리말 표현을 수집하여 1000개를 선정했습니다.

선정한 1000개를 중국어를 학습하는 중학생, 고등학생, 대학생, 중국어 교사, 일반인을 표집하여 설문조사 했습니다. 설문을 통해 우리가 매일 쓰는 입말 중에서 중국어로 가장 궁금한 표현 **BEST** 300개를 뽑아서 [1위부터 300위] 순위를 선정했습니다.

2. 정말 알고 싶은 중국어 표현을 재미있고 가볍게 익힐 수 있습니다.

표제어에 맞는 상황을 제시하고 간단한 대화내용을 함께 수록하여 확실한 어감을 익힐 수 있도록 했습니다.

3. 표제어 순위를 한눈에 볼 수 있도록 목차를 구성했습니다.

표제어 순위를 12개씩 배치하여 본문내용을 쉽고 간단하게 접할 수 있습니다. 하루에 30분 투자로 효과적인 학습이 가능합니다.

4. 한국어 – 중국어 동시녹음하였습니다.

녹음을 듣기만 하여도 자연스런 중국어표현을 익힐 수 있습니다. 대화문에서 표제어를 반복함으로써 상황 맞는 대화를 미리 접할 수 있습니다.

5. 가나다색인

부록편의 우리말색인으로 바로 찾아 중국어를 확인할 수 있도록 가나다순으로 배열하였습니다.

학습방법

Step 1 전체 내용을 읽으면서 살아있는 언어표현을 느껴보세요.

이 책은 우리가 일상생활에서 매일 서로 주고 받는 말 중에서 쉽고 유용한 표현 내용을 담고 있습니다. 학습자는 먼저 소설 읽듯이 처음부터 끝까지 한 번 쭉 읽어보는 것이 가장 중요 합니다. 중국어 표현 **BEST** 순위를 보면서 네이티브의 어감을 느껴보세요.

Step 2 중국 네이티브처럼 중국어로 말해보세요.

우리말 표현을 보고 떠오르는 대로 아는 단어와 표현을 모두 떠올려서 중국어로 말해보세요. 그 후에 중국어 표현을 보고 어떤 의미인지 생각해봅니다. 마음에 드는 표현들은 달달 외워서 말해보거나, 그때그때 말하고 싶었던 표현들만 따로 모아서 노트에 정리하고 익혀서 네이티브처럼 말하세요.

Step 3 MP3를 듣고 큰소리로 말해보세요.

자신의 목소리를 느낄 수 있을 정도로 용기 있게 큰소리를 내어 문장을 읽어보세요. 입을 신나게 움직이고 큰소리 내어 연습해야 어떤 상황에서도 바로 말할 수 있습니다. 네이티브 음성의 **MP3**를 듣고 비슷한 발음을 내도록 꾸준히 반복하여 듣고 따라 말해보세요. 큰소리로 말하는 것은 상당히 효과적이어서 발음도 좋아지고 청취력도 향상될 것입니다.

Step 4 하루에 딱 30분만 받아쓰기를 활용하세요.

네이티브가 일상에서 자주 쓰는 표현 **BEST** 300을 하루에 딱 30분만 듣고 받아쓰기 해보세요. 받아쓰기는 그 날 암기한 내용을 스스로 확인해 볼 수 있고, 암기한 표현을 자신 있게 말할 수 있는 지름길입니다.

일러두기

1. 본 책은 설문을 우리가 매일 쓰는 입말 중에서 중국어로 가장 궁금한 표현 BEST 300개를 뽑아서 1위부터 300위까지 순위를 선정했다. 12개씩 표제어를 묶었다. 본문내용은 짝수페이지는 상황제시 표제어, 대화문 해석을 수록하였다. 홀수페이지는 중국어 표제어와 대화문을 수록함으로써 확실한 어감을 익힐 수 있도록 하였다.

2. 不(bù)와 一(yī)의 성조는 바로 뒤에 연음되는 음절의 성조에 따라 성조변화가 일어난다. 본 책에서는 성조변화 규칙에 의거한 발음으로 표기하였다.

중국어	사전표기	본 책의 발음표기
不(bù)	不对 bù duì (不+4성자)	不对 bú dui
	*不听 bù tīng (不+1성자)	*不听 bù ting (성조변화 없음)
	*不行 bù xíng (不+2성자)	*不行 bù xing (성조변화 없음)
	*不好 bù hǎo (不+3성자)	*不好 bù hao (성조변화 없음)
一(yī)	一般 yībān (一+1성자)	一般 yìbān
	一流 yīliú (一+2성자)	一流 yìliú
	一起 yīqǐ (一+3성자)	一起 yìqǐ
	一会儿 yīhuìr (一+4성자)	一会儿 yíhu(i)r
	*第一个 dìyīge	*第一个 dìyīge

3. 儿化韵(er화운) "-ir"과 "-nr"에서 'n'과 'i'음은 묵음되어 발음나지 않고, 기타의 경우에는 결합음대로 발음하면 된다. 본 책에서는 묵음되는 음절을 아래의 경우처럼 (n), (i)로 처리했다.

−r화운	사전표기	실제발음	실제 우리음
-air -anr	bianr / cair / chair	bia(n)r / ca(i)r / cha(i)r	삐알 / 찰 / 찰
	dianr / hair / kuair	dia(n)r / ha(i)r / kua(i)r	띠알 / 할 / 쿠알
	manr / quanr / shair	ma(n)r / qua(n)r / sha(i)r	말 / 취알 / 살
	tianr / wanr / yanr	tia(n)r / wa(n)r / ya(n)r	티알 / 왈 / 얄
-eir -enr	beir / meir / weir	be(i)r / me(i)r / we(i)r	뻴 / 멀 / 월
	fenr / shenr	fe(n)r / she(n)r	펄 / 설
-inr	jinr / xinr	ji(n)r / xi(n)r	지열 / 시열
-uir	duir / gunr / huir / shuir	du(i)r / gu(n)r / hu(i)r / shu(i)r	뚜얼 / 꾸얼 / 후얼 / 수얼

4. 같은 중국어표현이라도 우리말로 옮길 때는 상황에 따라 또는 말하는 대상에 따라 다르게 표현될 수 있다.
   - 你说!(말해! ∥ 말해요.)
   - 别看!(보지 마! ∥ 보지 마라! ∥ 보지 마세요.)
   - 别看了。(네가 봤어. ∥ 제가 봤어요. ∥ 제가 봤는데요.)

5. 지명이나 이름 능 고유명사인 중국어의 우리음표기는 중국어원음을 취했다.
   - 北京 Beijing − 북경(×)　　　　北京 Beijing − 베이징(○)
   - 王海 Wáng Hǎi − 왕해(×)　　　王海 Wáng Hǎi − 왕하이(○)

차례  

1위 – 12위

001위	핸드폰 배터리가 나갔어.
002위	기분 짱이야!
003위	죽도록 사랑해.
004위	이거 요즘 한창 인기잖아!
005위	완전 망신 당했어.
006위	기죽지 마.
007위	그 말 진짜지?
008위	감 잡았어.
009위	원 샷!
010위	밤새 한숨도 못 잤어.
011위	끝내주네!
012위	열 받아 죽겠네!

1위 – 12위

001위 我手机没电了。
Wǒ shǒujī méi diàn le.

002위 心情棒极了！
Xīnqíng bàngjíle!

003위 爱你至死不渝。
Ài nǐ zhìsǐbùyú.

004위 这不是最近人气很旺嘛！
Zhè búshì zuìjìn rénqì hěn wàng ma!

005위 脸都丢尽了。
Liǎn dōu diūjìn le.

006위 别泄气。
Bié xièqì.

007위 此话当真？
Cǐ huà dàngzhēn?

008위 有感觉了。
Yǒu gǎnjué le.

009위 全干了！
Quán gàn le!

010위 一宿没睡。
Yìxiǔ méi shuì.

011위 酷毙了！
Kùbì le!

012위 气死我了！
Qìsǐ wǒ le!

001위 휴대전화의 전원이 꺼졌을 때

핸드폰 배터리가 나갔어.

- 오전에 전화했는데 핸드폰 꺼져 있더라, 대낮부터 왜 꺼놨어?
- 핸드폰 배터리가 나갔어, 어제 핸드폰 충전을 깜박했거든.

002위 어떤 일로 마음이 아주 흡족할 때

기분 짱이야!

- 나 오늘 기분 짱이야! 왠지 알아?
- 글쎄, 복권이라도 당첨됐어?

003위 연인 사이에 사랑한다고 말할 때

죽도록 사랑해.

- 너는 맨날 나를 너무나 사랑한다고 하는데, 난 도무지 모르겠어.
- 죽도록 사랑해, 믿어줘.

001위 我手机没电了。

Wǒ shǒujī méi diàn le

A 上午打电话给你竟然关机，大白天的，你怎么关机了？
Shàngwǔ dǎ diànhuà gěi nǐ jìngrán guānjī, dàbáitiān de, nǐ zěnme guānjī le?

B 我手机没电了，昨天忘记充电了。
Wǒ shǒujī méidiàn le, zuótiān wàngjì chōngdiàn le.

002위 心情棒极了！

Xīnqíng bàngjíle!

=心情太爽了！　=心里真是说不出的高兴啊！
Xīnqíng tài shuǎng le!　　Xīnlǐ zhēnshì shuōbuchū de gāoxìng a!

A 我今天心情棒极了！你知道为什么吗？
Wǒ jīntiān xīnqíng bàngjíle! Nǐ zhīdao wèishénme ma?

B 不知道，你中彩票啦？
Bùzhīdào, nǐ zhòng cǎipiào la?

003위 爱你至死不渝。

Ài nǐ zhìsǐbùyú.

=爱你到死不变。
Ài nǐ dàosǐbúbiàn.

A 你每天都说你有多爱我，但我怎么没看出来。
Nǐ měitiān dōu shuō nǐ yǒu duō ài wǒ, dàn wǒ zěnme méi kànchūlái.

B 爱你至死不渝，相信我。
Ài nǐ zhìsǐbùyú, xiāngxìn wǒ.

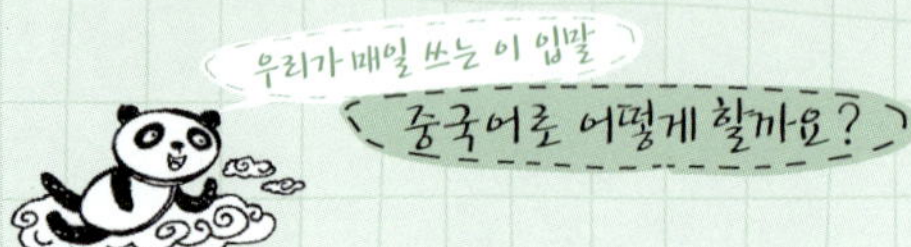

004위 드라마, 영화, 가요 등이 한창 대중의 높은 관심을 받고 있을 때

이거 요즘 한창 인기잖아!

– 이 프로그램 본 적 있어?
– 이거 요즘 한창 인기잖아!

005위 어떤 일이나 상황에서 실수로 인해 창피를 당했을 때

완전 망신 당했어. (속어: 쪽 팔렸다)

– 너 오늘 왜 이렇게 우울해?
– 프레젠테이션을 하다가 큰 실수를 했어, 완전 망신 당했어.

006위 기세가 꺾여 약해진 사람을 위로할 때

기죽지 마.

– 이번 시험에 떨어졌어, 그동안 정말 열심히 했는데.
– 기죽지 마, 기회는 또 있잖아, 다음에 잘 보면 되지.

004위 这不是最近人气很旺嘛！

Zhè búshì zuìjìn rénqì hěn wàng ma!

=这不是最近很火嘛！

Zhè búshì zuìjìn hěn huǒ ma!

A 你看过这个节目吗？

Nǐ kànguo zhège jiémù ma?

B 这不是最近人气很旺嘛！

Zhè búshì zuìjìn rénqì hěn wàng ma!

005위 脸都丢尽了。

Liǎn dōu diūjìn le.

=丢死人了。

Diūsǐ rén le.

A 你今天干吗这么忧郁啊？

Nǐ jīntiān gànmá zhème yōuyù a?

B 我的报告犯了一个大错误，脸都丢尽了。

Wǒ de bàogào fàn le yíge dà cuòwù, liǎn dōu diūjìn le.

006위 别泄气。

Bié xièqì.

=别丧气。　=别失望。

Bié sàngqì.　　Bié shīwàng.

A 我这次考试没通过，这段时间真的很努力了。

Wǒ zhècì kǎoshì méi tōngguò, zhèduàn shíjiān zhēnde hěn nǔlì le.

B 别泄气，不是还有机会嘛，下次好好考就是了。

Bié xièqì, búshì hái yǒu jīhuì ma, xiàcì hǎohāo kǎo jiùshì le.

007위 상대방의 말이 사실임을 확인할 때

그 말 진짜지?

– 네가 샤오루의 핸드폰 번호를 알아봐 주면, 내가 저녁 쏠게.
– 그 말 진짜지? 근사한 곳에 가서 한턱 내!

008위 어떤 일에 대해 눈치로 대충 알아채거나 확신을 가졌을 때

감 잡았어.

– 이 문장 어떻게 쓸건지 생각했어?
– 감 잡았어. 바로 쓸거야.

009위 잔에 술을 한 방울도 남기지 않고 마실 때

원 샷!

– 우리의 우정을 위하여! 원 샷!
– 건배!

007위

此话当真?

Cǐ huà dàngzhēn?

A 如果你能弄来小露的手机号码的话，我就请你吃饭。
Rúguǒ nǐ néng nònglái Xiǎo Lù de shǒujī hàomǎ dehuà, wǒ jiù qǐng nǐ chīfàn.

B 此话当真? 得去个高档的地方啊!
Cǐ huà dàngzhēn? Děi qù ge gāodàng de dìfang a.

008위

有感觉了。

Yǒu gǎnjué le.

=抓住感觉了。

Zhuāzhù gǎnjué le.

A 你想出这篇文章怎么写了吗?
Nǐ xiǎngchù zhèpiān wénzhāng zěnme xiě le ma?

B 我有感觉了，马上动笔写。
Wǒ yǒu gǎn jué le, mǎshàng dòng bǐ xiě.

009위

全干了!

Quán gān le!

A 为了我们的友谊! 全干了!
Wèile wǒmen de yǒuyì! Quán gān le!

B 干杯!
Gānbēi!

010위 어떤 일로 인해 밤을 샜을 때

밤새 한숨도 못 잤어.

- 어제 집에서 친구랑 인터넷 채팅하느라 밤새 한숨도 못 잤어.
- 그랬구나, 어쩐지 너 오늘 다크서클 생겼더라.

011위 출중하게 뛰어난 사람이나 실력을 보고

끝내주네!

- 그사람 이번 시험에서 또 1등을 했대. 게다가 국가 장학금도 받았대.
- 정말 끝내주네! 그는 정말이지 내 우상이야.

012위 정말 화났을 때

열 받아 죽겠네!

- 진짜 열 받아 죽겠네! 남의 의견을 왜 하나도 듣지 않는 거야!
- 지금 나한테 훈계하는 거야? 넌 그럴 자격 없어!

010위 一宿没睡。

Yìxiǔ méi shuì.

=一晚上没睡觉。　**=一整夜没睡觉。**
Yìwǎnshang méi shuìjiào.　　Yìzhěng yè méi shuìjiào.

=整夜没合眼。
Zhěngyè méi héyǎn.

A 昨天在家和朋友网上聊天，一宿没睡
Zuótiān zài jiā hé péngyou wǎngshàng liáotiān, yìxiǔ méi shuì.

B 原来如此，怪不得你今天眼圈这么黑。
Yuánlái rúcǐ, guàibude nǐ jīntiān yǎnquān zhème hēi.

011위 酷毙了！

kùbì le!

=太棒了！　**=太拽了！**　**=帅呆了！**
Tài bàng le!　　Tài zhuǎi le!　　Shuàidāi le!

A 据说他这次考试又是第一名，而且获得了国家奖学金。
Jùshuō tā zhècì kǎoshì yòu shì dìyìmíng, érqiě huòdé le guójiā jiǎngxuéjīn.

B 真是酷毙了！他真是我的偶像啊。
Zhēnshì kùbì le! Tā zhēnshì wǒ de ǒuxiàng a.

012위 气死我了！

Qìsǐ wǒ le!

A 真的气死我了！人家的意见你怎么一点都不听呢！
Zhēnde qìsǐ wǒ le! Rénjia de yìjiàn nǐ zěnme yìdiǎn dōu bùtīng ne!

B 你现在是在教训我吗？你没资格！
Nǐ xiànzài shì zài jiàoxun wǒ ma? Nǐméi zīgé!

13위 ~ 24위

013위 진짜 짱이야!

014위 꿈 깨라 꿈 깨!

015위 첫눈에 반했어.

016위 이메일 주소를 문자로 보내줘.

017위 핸드폰 진동으로 바꾸세요.

018위 내 꿈 꿔.

019위 너 제정신이니?

020위 눈코 뜰 새 없이 바빴어.

021위 진짜 짜증나!

022위 내게 고마워할 것까지는 없어.

023위 뭐가 뭔지 하나도 모르겠어.

024위 사돈 남 말 하시네.

13위 – 24위

013위 太棒了!
Tài bàng le!

014위 别做梦了!
Bié zuòmèng le!

015위 一见钟情。
Yíjiànzhōngqíng.

016위 把邮箱地址发短信告诉我。
Bǎ yóuxiāng dìzhǐ fā duǎnxìn gàosu wǒ.

017위 把你的手机调到震动。
Bǎ nǐ de shǒujī tiáodào zhèndòng.

018위 要梦见我啊。
Yào mèngjiàn wǒ a.

019위 你疯了吗?
Nǐ fēng le ma?

020위 我忙得团团转。
Wǒ máng de tuántuánzhuàn.

021위 真的很烦耶!
Zhēnde hěn fán ye!

022위 没必要谢谢我。
Méi bìyào xièxie wǒ.

023위 我脑子一片混乱。
Wǒ nǎozi yípiàn hùnluàn.

024위 别说别人。
Bié shuō biérén.

013위 굉장히 재미있고 감동적인 영화나 책을 봤을 때
주변 사람들에게 추천하면서 쓸 수 있는 말

진짜 짱이야!

– 지난 주말에 《괴물》 봤다며? 어땠어?
– 짱 좋아, 진짜 짱이야!

014위 허황된 꿈을 말하는 사람에게

꿈 깨라 꿈 깨!

– 부자가 되면 배 한 척을 사서 세계일주 여행하고 싶어.
– 꿈 깨라 꿈 깨! 먼저 이번 달 집세나 좀 내시지.

015위 이성에게 첫눈에 반했을 때

첫눈에 반했어.

– 린삥을 보자마자 좋아하게 됐어. 이게 바로 첫눈에 반한거겠지?
– 그럼 그녀한테 사랑 고백할 거야?

013위 太棒了！

Tài bàng le!

=棒极了！

Bàng jíle!

A 听说你上周去看了《怪物》，怎么样？
Tīngshuō nǐ shàngzhōu qù kàn le <guàiwù>, zěnmeyàng?

B 我真的超喜欢，太棒了！
Wǒ zhēnde chāo xǐhuan, tài bàng le!

014위 别做梦了!

Bié zuòmèng le!

=别做白日梦了！

Bié zuò báirìmèng le!

A 我想成为富翁，然后买一艘游轮环游世界。
Wǒ xiǎng chéngwéi fùwēng, ránhòu mǎi yìsōu yóulún huányóu shìjiè.

B 别做梦了！你先把这个月的房租交上吧。
Bié zuòmèng le! Nǐ xiān bǎ zhège yuè de fángzū jiāoshàng ba.

015위 一见钟情。

Yíjiànzhōngqíng.

A 我一看到林冰就喜欢上了她，这就是一见钟情吧。
Wǒ yí kàn dào Lín Bīng jiù xǐhuanshàng le tā, zhè jiùshì yíjiànzhōngqíng ba.

B 你准备向她表白吗？
Nǐ zhǔnbèi xiàng tā biǎobái ma?

016위 이메일 주소를 알고 싶을 때

이메일 주소를 문자로 보내줘.

– 선생님께서 보내주신 자료 다 복사했어? 그 자료 나한테 보내줄래?
– 그래, 이따가 이메일 주소를 문자로 보내줘, 내가 보내줄게.

017위 핸드폰 소리를 진동으로 바꿔야 할 때

핸드폰 진동으로 바꾸세요.

– 회의합시다, 핸드폰 진동으로 바꾸세요.
– 네, 벌써 바꿔놨어요.

018위 연인 혹은 친구간에 잠자리 들기 전 통화 마지막 말

내 꿈 꿔.

– 난 자야겠다, 잘 자.
– 나도 잘래. 내 꿈 꿔.

016위 把邮箱地址发短信告诉我。

Bǎ yóuxiāng dìzhǐ fā duǎnxìn gàosu wǒ.

=发短信告诉我你的伊妹儿地址。

Fā duǎnxìn gàosu wǒ nǐ de yīmèir dìzhǐ.（伊妹儿=电子邮箱=E–MAIL）

A 你是不是复印了老师发的资料？ 能把那个资料发给我吗？

Nǐ shìbushì fùyìn le lǎoshī fā de zīliào? Néng bǎ nàge zīliào fāgěi wǒ ma?

B 可以啊，你待会儿把邮箱地址发短信告诉我，我给你发。

Kěyǐ a, nǐ dāihuìr bǎ yóuxiāng dìzhǐ fā duǎnxìn gàosu wǒ, wǒ gěi nǐ fā.

017위 把你的手机调到震动。

Bǎ nǐ de shǒujī tiáodào zhèndòng.

A 开会了，把你的手机调到震动。

Kāihuì le, ba nǐ de shǒujī tiáodào zhèndòng.

B 知道了，早就设置好了。

Zhīdao le, zǎojiù shèzhìhǎo le.

018위 要梦见我啊。

Yào mèngjiàn wǒ a.

A 我要去睡觉了，晚安。

Wǒ yào qù shuìjiào le, wǎn'ān.

B 我也睡觉去了，要梦见我啊。

Wǒ yě shuìjiào qù le, yào mèngjiàn wǒ a.

019위 상대방의 행동이 이해가 되지 않을 때 (친한 친구사이)

너 제정신이니?

– 나 학교 그만두기로 했어.
– 너 제정신이니? 6개월만 더 다니면 졸업할 텐데.

020위 정신 못 차리게 몹시 바빴음을 표현할 때

눈코 뜰 새 없이 바빴어.

– 요즘 너무 바빴어? 그림자도 안 보이더라.
– 그동안 회사 일이 너무 많아서 눈코 뜰 새 없이 바빴어.

021위 반복된 일이나 질문으로 인해 기분이 상했을 때

진짜 짜증나!

– 이 글자는 어떻게 읽어야 돼? 방금 "ai"라고 말했지?
– 몇 번이나 물어보는 거야, 진짜 짜증나!

019위 你疯了吗？
Nǐ fēng le ma?

=你没疯吧？
Nǐ méi fēng ba?

A 我打算退学。
Wǒ dǎsuan tuìxué.

B 你疯了吗？还有半年就毕业了。
Nǐ fēng le ma? Hái yǒu bànnián jiù bìyè le.

020위 我忙得团团转。
Wǒ máng de tuántuánzhuàn.

=我忙得四脚朝天。
Wǒ máng de sìjiǎo cháotiān.

A 你最近很忙吗？连影子都看不到。
Nǐ zuìjìn hěn máng a? Lián yǐngzi dōu kànbudào.

B 最近公司有很多工作，我真是忙得团团转啊。
Zuìjìn gōngsī yǒu hěnduō gōngzuò, wǒ zhēnshì máng de tuántuánzhuàn a.

021위 真的很烦耶！
Zhēnde hěn fán ye!

=真是烦死了！ =真是烦死人了！
Zhēnshì fánsǐ le!　　　Zhēnshì fánsǐ rén le!

A 这个字怎么读？你刚才说是读 "ai" 是吧？
Zhège zì zěnme dú? Nǐ gāngcái shuō shì dú "ai" shì ba?

B 你问了多少遍了，真的很烦耶！
Nǐ wèn le duōshao biàn le, zhēnde hěn fán ye!

022위 내 호의에 감사해 하는 사람에게

내게 고마워할 것까지는 없어.

– 선배님, 이번에 선배님의 도움 많이 받았어요.
– 내게 고마워할 것까지는 없어. 네가 열심히 노력한 결과잖아.

023위 여러 일이나 상황으로 인해 심경이 복잡할 때

뭐가 뭔지 하나도 모르겠어.

– 도대체 무슨 일이 있었는지 나한테 얘기해줘, 울고 있지만 말고.
– 아무것도 모르겠어, 지금 뭐가 뭔지 하나도 모르겠어.

024위 자기도 같은 잘못을 했으면서 제 잘못은 제쳐 두고
남의 잘못만 나무랄 때

사돈 남 말 하시네.

– 왕리훙은 요즘 술을 많이 마시는 것 같아.
– 사돈 남 말 하시네, 너도 매일 마시잖아.

022위 没必要谢谢我。
Méi bìyào xièxie wǒ.

=不用谢我。
Búyòng xiè wǒ.

A 学长，这次多亏你的帮忙。
Xué zhǎng, zhècì duōkuī nǐ de bāngmáng.

B 没必要谢谢我，是你自己努力的结果。
Méi bìyào xièxie wǒ, shì nǐ zìjǐ nǔlì de jiéguǒ.

023위 我脑子一片混乱。
Wǒ nǎozi yípiàn hùnluàn.

=我大脑一片空白。
Wǒ dànǎo yípiàn kòngbái.

A 到底出了什么事，你给我说说。别只是哭啊。
Dàodǐ chū le shénme shì, nǐ gěiwǒ shuōshuo. Bié zhǐshì kū a.

B 我什么也不知道，现在我脑子一片混乱。
Wǒ shénme yě bùzhīdào, xiànzài wǒ nǎozi yípiàn hùnluàn.

024위 别说别人。
Bié shuō biérén.

=还说别人。 =还说人家呢!
Hái shuō biérén.　　Hái shuō rénjia ne!

A 王力洪最近喝酒很凶。
Wáng Lìhóng zuìjin hējiǔ hěn xiōng.

B 别说别人，你不是也每天喝酒嘛。
Bié shuō biérén, nǐ búshi yě měitiān hējiǔ ma.

25위 – 36위

025위	문자로 알려줄게.
026위	뒷북치지마!
027위	와우, 몸매 죽이는데!
028위	여기 무선 인터넷 있나요?
029위	깜빡 속을 뻔 했네.
030위	너 공주병(왕자병)이구나.
031위	너 핸드폰 울려.
032위	간 떨어질 뻔했잖아.
033위	유행인가봐.
034위	그거 싸구려야.
035위	바가지요금이네!
036위	저 사람 뚱배 나왔어.

25위 – 36위

025위 发短信告诉你。
Fā duǎnxìn gàosu nǐ.

026위 别放马后炮!
Bié fàng mǎhòupào.

027위 哇哦, 身材超好!
Wā o, shēncái chāo hǎo!

028위 这里有无线网络吗?
Zhèlǐ yǒu wúxiàn wǎngluò ma?

029위 差点儿被你骗了。
Chàdiǎnr bèi nǐ piàn le.

030위 你真自恋哦。
Nǐ zhēn zìliàn o.

031위 你手机来电话了。
Nǐ shǒujī lái diànhuà le.

032위 心都提到嗓子眼儿了。
Xīn dōu tídào sǎngzi yǎnr le.

033위 看来是流行趋势啊。
Kànlai shì liúxíng qūshì a.

034위 这是便宜货。
Zhè shì piányihuò.

035위 真宰人!
Zhēn zǎirén.

036위 那人小肚子突出来了。
Nà rén xiǎodùzi tūchūlai le.

025위 문자로 내용을 알려주고자 할 때

문자로 알려줄게.

– 며칠 전에 봤던 그 영화 제목이 뭐였더라?
– 기억이 안 나, 이따가 문자로 알려줄게.

026위 뒤늦게 수선을 떨 때

뒷북치지마!

– 네가 이 단락의 내용을 차분히 봤더라면, 시험이 이렇게까지
  형편없지 않았을 텐데.
– 뒷북치지마! 왜 진작 말 안했어?

027위 몸매가 좋은 남성 혹은 여성을 봤을 때

와우, 몸매 죽이는데!

– 와우, 저 여자 몸매 죽이는데!
– 응, 글래머야.

025위 发短信告诉你。

Fā duǎnxìn gàosu nǐ.

A 前几天看的那部电影叫什么来着？
Qián jǐtiān kàn de nàbù diànyǐng jiào shénme láizhe?

B 记不起来了，待会儿发短信告诉你。
Jìbuqǐlái le, dāihuǐr fā duǎnxìn gàosu nǐ.

026위 别放马后炮！

Bié fàng mǎhòupào!

A 如果你认真看这一章的内容，考试就不会这么惨。
Rúguǒ nǐ rènzhēn kàn zhèyìzhāng de nèi róng, kǎoshì jiù búhuì zhème cǎn.

B 别放马后炮! 你怎么不早说？
Bié fàng mǎhòupào! Nǐ zěnme bù zǎo shuō?

027위 哇哦，身材超好！

Wā o, shēncái chao hǎo!

=哇塞，身材好棒！
Wāsài, shēncái hǎo bàng!

A 哇哦，那女的身材超好!
Wā o, nà nǚde shēncái chāo hǎo!

B 嗯，大美女啊。
Èn, dà měinǚ a.

028위 여행 등을 가서 무선인터넷 사용할 곳을 찾을 때

여기 무선 인터넷 있나요?

- 실례합니다. 제가 회사 이메일을 체크해야 하는데요.
  여기 무선 인터넷 있나요?
- 죄송해요. 여기는 없는데, 2층에 가 보세요.

029위 상대방이 한 말이 속아 넘어갈 만큼 그럴 듯 했을 때

깜빡 속을 뻔 했네.

- 내일 너 회사 출근하라는데.
- 내일 주말 아니야? 아, 이제 생각났다. 오늘 만우절이지.
  깜빡 속을 뻔 했네.

030위 여자나 남자가 공주나 왕자처럼 예쁘거나 멋있다고 착각할 때

너 공주병(왕자병)이구나.

- 나 오늘 예뻐? 사람들이 나한테 자꾸 말을 걸더라.
- 너 공주병이구나, 그것도 일종의 병이다.

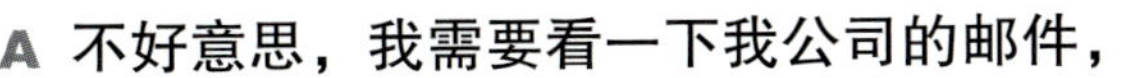

028위 这里有无线网络吗？

Zhèlǐyǒu wúxiàn wǎngluò ma?

A 不好意思，我需要看一下我公司的邮件，
这里有无线网络吗？
Bùhǎoyìsi, wǒ xūyào kànyíxià wǒ gōngsī de yóujiàn, zhèlǐyǒu wúxiàn wǎngluò ma?

B 对不起，这里没有，你上二楼看看吧。
Duì bu qǐ, zhè li méi yǒu, nǐ shàng èr lóu kàn kan ba.

029위 差点儿被你骗了。

Chàdiǎnr bèi nǐ piàn le.

=差点儿上了你的当。　　　=差点儿上当受骗。
Chàdiǎnr shàng le nǐ de dàng.　　　Chàdiǎnr shàngdàng shòupiàn.

A 明天公司要你上班。
Míngtiān gōngsī yào nǐ shàngbān.

B 明天不是周末吗？哦，才想起来了，今天是愚人节。
差点儿被你骗了。
Míngtiān búshì zhōumò ma? Ō, cái xiǎngqǐlai le, jīntiān shì yúrénjié.
Chàdiǎnr bèi nǐ piàn le.

030위 你真自恋哦。

Nǐ zhēn zìliàn o.

=你真是个自恋狂。
Nǐ zhēn shì ge zìliànkuáng.

A 我今天漂亮吗？好多人和我搭讪了。
Wǒ jīntiān piàoliang ma? Hǎoduō rén hé wǒ dāshàn le.

B 你真自恋哦，这也是一种病啊。
Nǐ zhēn zìliàn o, zhè yě shì yì zhǒng bìng a.

031위 상대방의 전화가 오는 것을 알려줄 때

너 핸드폰 울려.

- 너 핸드폰 울려. 벨소리 좋네.
- 전화 받아도 되지?

032위 몹시 놀랐을 때

간 떨어질 뻔했잖아.

- 와! 너희 둘 뭐하고 있어? 나도 좀 끼워줘.
- 간 떨어질 뻔했잖아, 들어오기 전에 노크도 못해?

033위 일시적으로 널리 퍼져 많은 사람들에게 인기를 얻고 있을 때

유행인가봐.

- 많은 학생들이 이 핸드폰 쓰고 있던데.
- 유행인가봐, 나도 마음이 끌린다.

031위 你手机来电话了。
Nǐ shǒujī lái diànhuà le.

=你手机响了。
Nǐ shǒujī xiǎng le.

A 你手机来电话了，铃声很好听啊。
Nǐ shǒujī lái diànhuà le, língshēng hěn hǎotīng a.

B 我接个电话，可以吧？
Wǒ jiē ge diànhuà, kěyǐ ba?

032위 心都提到嗓子眼儿了。
Xīn dōu tídào sǎngzi yǎnr le.

A 哇！你们俩在做什么？我也参加。
Wā! Nǐmen liǎ zài zuò shénme? Wǒ yě cānjiā.

B 心都提到嗓子眼儿了，进来前你不会先敲门啊？
Xīn dōu tídào sǎngzi yǎnr le, jìnlai qián nǐ búhuì xiān qiāomén a?

033위 看来是流行趋势啊。
Kànlai shì liúxíng qūshì a.

=看来是流行啊。
kànlai shì liúxíng a.

A 我看到很多学生都用这款手机。
Wǒ kàndào hěnduō xuésheng dōu yòng zhèkuǎn shǒujī.

B 看来是流行趋势啊，我也心动了。
Kànlai shì liúxíng qūshì a, wǒ yě xīndòng le.

034위 값이 싸거나 질이 낮은 물건을 말할 때

그거 싸구려야.

- 네가 보기에 이 옷 어때?
- 그거 싸구려야. 사지마.

035위 생각보다 너무 비싼 요금에

바가지요금이네!

- 이 컴퓨터는 리췬 마트에서 5600위엔에 샀어.
- 바가지요금이네! 인터넷에서는 4500위엔이면 되거든, 마트에서 사면 확실히 비싸긴 한데, 이건 너무 비싸다.

036위 뚱뚱하게 나온 배를 보고

저 사람 똥배 나왔어.

- 저 사람 똥배 나온 것 좀 봐, 그래도 꽉 끼는 원피스를 입더라.
- 그리게, 보기흉해, 정말 안 어울려.

034위 这是便宜货。

Zhè shì piányihuò.

A 你看这件衣服怎么样？
Nǐ kàn zhèjiàn yīfu zěnmeyàng?

B 这是便宜货，不要买。
Zhè shì piányihuò, búyào mǎi.

035위 真宰人！

Zhēn zǎirén.

=太坑人了。
Tài kēng rén le.

A 这台电脑在利群超市买的，5600元。
Zhètái diànnǎo zài lìqún chāoshì mǎi de, wǔqiān liù bǎi yuán.

B 真宰人！网上只要4500元，在超市买的确是贵点儿，但是这也太贵了。
Zhēn zǎirén! Wǎngshàng zhǐyào sìqiān wǔbǎi yuán, zài chāo shì mǎi díquè shì guìdiǎnr, dànshi zhè yě tài guì le.

036위 那人小肚子突出来了。

Nà rén xiǎodùzi tū chūlai le.

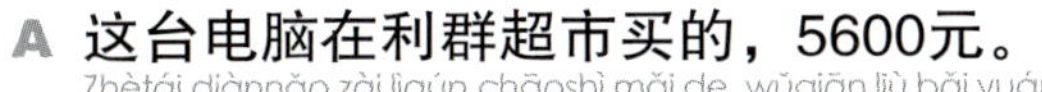
=那人小肚子都出来了。 =那个人都有小肚子了。
Nà rén xiǎodùzi dōu chūlai le. Nàge rén dōu yǒu xiǎodùzi le.

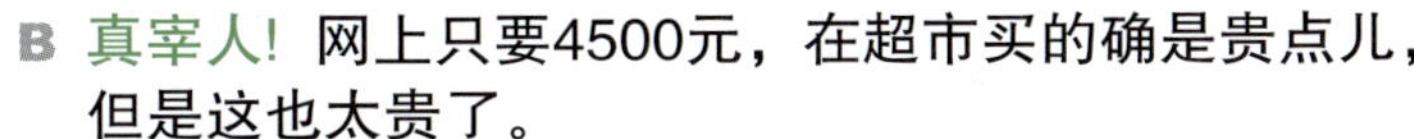
=那个人小肚子都那么明显。
Nàge rén xiǎodùzi dōu nàme míngxiǎn.

A 瞧，那人小肚子都突出来了，竟然还穿那么紧身的连衣裙。
Qiáo, nà rén xiǎodùzi dōu tū chūlai le, jìngrán hái chuān nà me jǐnshēn de liányīqún.

B 就是啊，难看死了，真不合适。
Jiùshì a, nánkàn sǐle, zhēn bù héshì.

37위 − 48위

037위 날이 푹푹 찐다.

038위 완전 바람둥이야!

039위 보지마, 창피해!

040위 너 S라인 죽이는데.

041위 말씀 많이 들었어요.

042위 저녁마다 헬스클럽 다녀.

043위 이 짓도 지겨워 죽겠어!

044위 바가지 썼어.

045위 되게 비싸게 구네.

046위 아무 말도 하지마!

047위 밤을 꼬박 샜어.

048위 미안해 할 것까지는 없어.

037위 天气闷得要命。
Tiānqì mēn de yàomìng.

038위 完全是个花花公子！
Wánquán shì ge huāhuāgōngzǐ!

039위 不要看了, 多丢人哪!
Búyào kàn le, duō diūrén na!

040위 你有曲线美。
Nǐ yǒu qūxiànměi.

041위 我早就听说过您的大名了。
Wǒ zǎojiù tīngguo nín de dàmíng le.

042위 每天傍晚去健身房。
Měitiān bàngwǎn qù jiànshēnfáng.

043위 做这个真是烦死了!
Zuò zhègè zhēnshì fánsǐ le.

044위 我挨宰了。
Wǒ ái zǎi le.

045위 你还真是难请啊。
Nǐ hái zhēnshì nán qǐng a

046위 什么也别说啊!
Shénme yě biéshuō a.

047위 我整整熬了一夜。
Wǒ zhěngzhěng áo le yíyè.

048위 没什么好抱歉的。
Méi shénme hǎo bàoqiàn de.

037위 참을 수 없이 찌는 듯한 더위에

날이 푹푹 찐다.

- 요즘 거기 날씨가 어때? 비 왔어?
- 날이 푹푹 찐다, 비라도 오면 시원할텐데.

038위 곧잘 바람을 피우는 남자에게

완전 바람둥이야!

- 그는 정말 괜찮아 보이는데.
- 네가 잘못 봤어, 그는 완전 바람둥이야!

039위 평소와 다른 행동이나 모습으로 인해
어색하여 부끄러움을 느낄 때

보지마, 창피해!

- 와우! 다들 와서 봐봐, 우리 말괄량이 오늘 치마 입었네.
- 보지마, 창피해! 진짜 부끄럽단 말이야.

037위 天气闷得要命。

Tiānqì mēn de yàomìng.

A 这几天你那里天气怎么样？下雨了吗？
Zhèjǐtiān nǐ nàli tiānqì zěnmeyàng? Xiàyǔ le ma?

B 天气闷得要命，要是下雨就爽啦。
Tiānqì mēn de yàomìng, yàoshi xiàyǔ jiù shuǎng la.

038위 完全是个花花公子！

Wánquán shì ge huāhuāgōngzǐ!

A 他看上去真的不错。
Tā kàn shangqù zhēnde búcuò

B 你看错了，他完全是个花花公子!
Nǐ kàncuò le, tā wánquán shì ge huāhuāgōngzǐ!

039위 不要看了，多丢人哪!

Búyào kàn le, duō diūrén na!

A 哇塞，大家都来看啊，我们的假小子今天穿裙子了。
Wāsài, dàjiā dōu lái kàn a, wǒmen de jiǎxiǎozi jīntiān chuān qúnzi le.

B 不要看了，多丢人哪! 真是羞死人了。
Búyào kàn le, duō diūrén na! zhēnshì xiūsǐ rén le.

040위 군살이 없이 날씬한 몸매를 보고

너 S라인 죽이는데.

- 너 라인이 죽이는데. 너무 부럽다!
- 부러울 게 뭐가 있어, 나는 네 마른 몸이 더 부러워.

041위 익히 들어본 사람을 만났을 때

말씀 많이 들었어요.

- 와, 당신이 바로 쑨원 선배님이시죠! 말씀 많이 들었어요.
- 내 후배 맞지? 몇 학년인데? 학교 생활은 할 만해?

042위 건강을 생각해서 꾸준히 운동할 때

저녁마다 헬스클럽 다녀.

- 요즘 혈색이 너무 좋더라. 무슨 좋은 일이 있어?
- 좋은 일은 무슨! 그냥 저녁마다 헬스클럽 다닐 뿐이야.

040위 你有曲线美。

Nǐ yǒu qūxiànměi.

A 你有曲线美，好羡慕你哦。
Nǐ yǒu qūxiànměi, hǎo xiànmù nǐ o.

B 羡慕什么呀，我还羡慕你瘦呢。
Xiànmù shénme ya, wǒ hái xiànmù nǐ shòu ne.

041위 我早就听说过您的大名了。

Wǒ zǎojiù tīngguo nín de dàmíng le.

A 哇，你就是那个孙云学长吧！
我早就听说过您的大名了。
Wa, nǐ jiùshì nàge SūnYún xuézhǎng ba! Wǒ zǎojiù tīngguo nín de dàmíng le.

B 你是我的学妹吧？几年级的？学校生活还习惯吗？
Nǐ shì wǒde xuémèi ba? Jǐniánjíde? Xuéxiào shēnghuó hái xíguàn ma?

042위 每天傍晚去健身房。

Měitiān bàngwǎn qù jiànshēnfáng.

A 最近面色不错啊！有什么好事儿吗？
Zuìjìn miànsè búcuò a! Yǒu shénme hǎoshìr mā?

B 什么好事儿啊！只是每天傍晚去健身房罢了。
Shénme hǎoshìr a? Zhǐshì měitiān bàngwǎn qù jiànshēnfáng bàle.

043위 넌더리가 날 정도로 지루하고 싫을 때

이 짓도 지겨워 죽겠어!

– 주말에 스타벅스에서 알바한다면서? 시간당 얼마 받니?
– 시간당 10위엔이야, 처음엔 그냥 용돈 벌려고 시작했는데,
  이 짓도 지겨워 죽겠어!

044위 지나치게 비싼 요금을 내고 물건 따위를 샀을 때

바가지 썼어.

– 바가지 썼어, 이 옷 한 벌에 100위엔이나 썼어.
– 이 옷이 100위엔이면 쓸 만하지 뭐, 너무 비싼 것도 아닌데.

045위 다른 사람의 요구에 쉽게 응하지 않고 도도하게 행동할 때

되게 비싸게 구네.

– 되게 비싸게 구네, 사장님이란 사람까지 친히 찾아오게 하고 말이야.
– 어찌됐든 나도 그 회사에는 안 갈거야.

043위 做这个真是烦死了！

Zuò zhège zhēnshì fánsǐ le!

A 听说你周末在星巴克打工？每小时多少钱啊？
Tīngshuō nǐ zhōumò zài xīngbākè dǎgōng? Měixiǎoshí duōshaoqián a?

B 每小时10元，当初只是想挣点零花钱才做的，
做这个真是烦死了！
Měi xiǎoshí shíyuán, dāngchū zhǐshì xiǎng zhèngdiǎn línghuāqián cái zuò de,
zuò zhège zhēnshì fánsǐ le!

044위 我挨宰了。

Wǒ ái zǎi le.

=我被宰了。 =我被敲竹杠了。
Wǒ bèi zǎi le. Wǒ bèi qiāo zhúgàng le.

A 我挨宰了，这件衣服居然要我100元。
Wǒ ái zǎi le, zhèjiàn yīfu jūrán yào wǒ yìbǎiyuán.

B 这件衣服100元还行啊，不是非常贵。
Zhèjiàn yīfu yìbǎiyuán hái xíng a, búshì fēicháng guì.

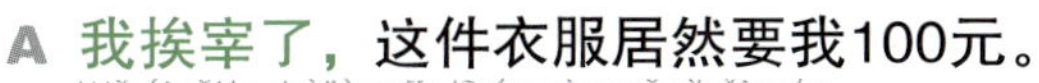

045위 你还真是难请啊。

Nǐ hái zhēnshì nán qǐng a.

A 你还真是难请啊，让人家总经理亲自来见你。
Nǐ hái zhēnshì nán qǐng a, ràng rénjia zǒngjīnglǐ qīnzì lái jiàn nǐ.

B 不管怎样，我也不会去那个公司的。
Bùguǎn zěnyàng, wǒ yě búhuì qù nàge gōngsī de.

046위 비밀 이야기를 하며 남에게 알리지 말라고 할 때

아무 말도 하지마!

– 오늘 정말 쪽 팔렸어, 학교에 가서 아무 말도 하지마!
– 오늘 일은 입도 뻥긋 안 할게.

047위 어떤 일 따위로 밤을 샜을 때

밤을 꼬박 샜어.

– 인터넷게임 하느라 어제 밤을 꼬박 샜어.
– 오늘은 쉬는 날이니까, 한숨 푹 자라.

048위 나에게 마음이 편치 못하고 미안함을 느끼는 사람에게

미안해 할 것까지는 없어.

– 미안해요, 제가 회의에 필요한 서류 복사를 깜박했어요.
– 미안해 할 것까지는 없어, 다음부터는 신경 좀 써.

046위 什么也别说啊！

Shénme yě biéshuō a.

= 要保密啊。
Yào bǎomì a.

A 今天真是丢死人了，回学校后什么也别说啊！
Jīntiān zhēnshì diū sǐ rén le, huí xuéxiào hòu shénme yě biéshuō a.

B 关于今天的事情我一句话也不会说的。
Guānyú jīntiān de shìqing wǒ yíjù huà yě búhuì shuō de.

047위 我整整熬了一夜。

Wǒ zhěngzhěng áo le yíyè.

A 昨天晚上玩电脑游戏，我整整熬了一夜。
Zuótiān wǎnshang wán diànnǎo yóuyì, wǒ zhěngzhěng áo le yíyè.

B 今天是休息的日子，好好睡一觉吧。
Jīntiān shì xiūxi de rìzi, hǎohāo shuìyijiào ba.

048위 没什么好抱歉的。

Méi shénme hǎo bàoqiàn de.

= 没什么好对不起的。
Méi shénme hǎo duìbuqǐ de.

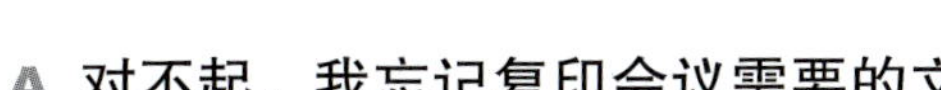

A 对不起，我忘记复印会议需要的文件了。
Duìbuqǐ, wǒ wàngjì fùyìn huìyì xūyào de wénjiàn le.

B 没什么好抱歉的，下次要注意啊。
Méi shénme hǎo bàoqiàn de, xiàcì yào zhùyì a.

49위 – 60위

049위 요즘 바빠 죽을 지경이야.

050위 그 애긴 꺼내지도 마!

051위 난 개한테 홀딱 반했어.

052위 군침이 도는군.

053위 넌 사진보다 실물이 훨씬 예뻐.

054위 뱃살 좀 빼고 싶어.

055위 옷이 촌스러워.

056위 눈에 콩깍지가 씌었나 봐.

057위 걔는 입만 살았어!

058위 눈이 삐었구나!

059위 옷이 너무 야하네.

060위 걘 듣기 좋은 말만 해.

49위 — 60위

049위 最近忙得要命。
Zuìjìn máng de yàomìng.

050위 别哪壶不开提哪壶!
Bié nǎhú bùkāi tí nǎhú.

051위 我迷上她了。
wǒ míshàng tā le.

052위 我在流口水了。
Wǒ zài liú kǒushuǐ le.

053위 比起照片你本人更漂亮。
Bǐqǐ zhàopiàn nǐ běnrén gèng piàoliang.

054위 想减掉游泳圈。
Xiǎng jiǎndiào yóuyǒngquān.

055위 这些衣服过时啦。
Zhèxiē yīfu guòshí la.

056위 情人眼里出西施嘛。
Qíngrén yǎnli chū Xīshī ma.

057위 他只说不做!
Tā zhǐ shuō bú zuò!

058위 真是没眼光!
Zhēnshì méi yǎnguāng.

059위 衣服太暴露了。
Yīfu tài bàolòu le!

060위 他的嘴甜着呢。
Tā de zuǐ tiánzhe ne.

049위 너무 바쁜 일상을 표현할 때

요즘 바빠 죽을 지경이야.

- 오랜만이다. 요즘 잘 지냈어?
- 요즘 바빠 죽을 지경이야, 바빠서 밥 먹을 시간도 없어.

050위 남이 꺼리는 것을 말하지 말라고 할 때

그 얘긴 꺼내지도 마!

- 샤오밍이랑 도대체 어떻게 된거야? 어제 같이 밥도 잘 먹었잖아.
- 그 얘긴 꺼내지도 마! 그리고 앞으로 "샤오밍"이라는 이름도 더 이상 듣고 싶지 않아.

051위 어떤 사람이나 사물 따위에 마음이 홀린 것같이 쏠렸을 때

난 개한테 홀딱 반했어.

- 넌 왜 계속 소라한테 매달려?
- 난 개한테 홀딱 반했어, 하루라도 안 보면 못 살 것 같아.

049위

最近忙得要命。
Zuìjìn máng de yàomìng.

A 好久没见了。最近过得怎么样？
Hǎojiǔ méi jiàn le. Zuìjìn guò de zěnmeyàng?

B 最近忙得要命，忙得连吃饭的时间都没有了。
Zuìjìn máng de yàomìng, máng de lián chīfàn de shíjiān dōu méiyǒu le.

050위

别哪壶不开提哪壶！
Bié nǎhú bù kāi tí nǎhú.

=那话提都别提。
Nà huà tí dōu bié tí.

A 你和小明到底怎么回事？昨天不是还好好地在一起吃饭吗。
Nǐ hé Xiǎo Míng dàodǐ zěnme huí shì? Zuótiān búshì hái hǎohāode zài yìqǐ chīfàn ma.

B 别哪壶不开提哪壶！我以后不想再听见 "小明" 这个名字。
Bié nǎhú bù kāi tí nǎhú! Wǒ yǐhòu bùxiǎng zài tīngjiàn "Xiǎo Míng" zhège míngzi.

051위

我迷上她了。
Wǒ míshàng tā le.

A 你干吗一直缠着素罗啊？
Nǐ gānma yìzhí chánzhe Sùluó a?

B 我迷上她了，一天不见就活不了。
Wǒ míshàng tā le, yì tiān bú jiàn jiù huó bu le.

052위 음식을 보거나 그 냄새를 맡고 식욕이 돌 때

군침이 도는군.

- 와, 냄새 죽인다. 군침이 도는군.
- 내 솜씨가 뻥이 아니라는 걸 이제 알겠지?

053위 사진보다 실물이 더 나을 때

넌 사진보다 실물이 훨씬 예뻐.

- 사진에 있는 여자가 정말 너야? 넌 사진보다 실물이 훨씬 예뻐.
- 난 사진이 잘 안받아.

054위 다이어트에 관해 얘기하면서

뱃살 좀 빼고 싶어.

- 난 요즘 매일 많이 먹어서, 배가 나왔어. 뱃살 좀 빼고 싶어.
- 나도 다이어트하고 싶어, 우리 함께 매일 아침 운동하자.

052위 我在流口水了。
Wǒ zài liú kǒushuǐ le.

A 哇，太香了，我在流口水了。
Wā, tài xiāng le , wǒ zài liú kǒushuǐ le.

B 这下你知道我的厨艺不是吹(的了)吧。
Zhèxià nǐ zhīdao wǒ de chúyì búshì chuī (de le) ba.

053위 比起照片你本人更漂亮。
Bǐqǐ zhàopiàn nǐběnrén gèng piàoliang.

=本人比照片上的好看。
Běnrén bǐ zhàopiàn shàng de hǎokàn.

A 照片上的这个女的真的是你吗？比起照片你本人更漂亮。
Zhàopiàn shàng de zhège nǚde zhēn de shì nǐ ma? Bǐqǐ zhàopiàn nǐ běnrén gèng piàoliang.

B 我是个不上相的人。
Wǒ shì ge bú shàngxiàng de rén.

054위 想减掉游泳圈。
Xiǎng jiǎndiào yóuyǒngquān.

=想减掉肚子上的肥肉。
Xiǎng jiǎndiào dùzi shàng de féiròu.

A 我最近每天都吃很多，肚子都突出来了，想减掉游泳圈。
Wǒ zuìjìn měitiān dōu chī hěnduō, dùzi dōu tūchūlaile, xiǎng jiǎndiào yóuyǒngquān.

B 我也想减肥，我们每天早上一起做运动吧。
Wǒ yě xiǎng jiǎnféi, wǒmen měitiān zǎoshang yìqǐ zuò yùndòng ba.

055위 어울린 맛과 세련됨이 없이 어수룩한 데가 있을 때

옷이 촌스러워.

– 옷이 촌스러워, 내가 입으니 정말 아줌마 같아.
– 명동 가자, 거기는 상점도 많고, 옷도 예쁘고, 게다가 저렴하기까지 해.

056위 앞이 가리어 사물을 정확하게 보지 못함을 비유적으로 이르는 말

눈에 콩깍지가 씌었나 봐.

– 린린이 자기 남친 너무 멋있다고 그러던데, 내가 딱 보니까 못생겼던데.
– 그래서 눈에 콩깍지가 씌었다는 말이 있는 거지, 린린이 맘에 들면 그만이지 뭐.

057위 행동은 하지 않으면서 말은 청산유수인 사람을 일컬어

걔는 입만 살았어!

– 걔는 입만 살았어! 이런 사람을 만나면 정말 재수없을거야.
– 이런 사람은 딱 질색이야! 걔랑 상대하지 말자.

055위 这些衣服过时啦。

Zhèxiē yīfu guòshí la.

=这些衣服早就被淘汰了。

Zhèxiē yīfu zǎojiù bèi táotài le.

A 这些衣服过时啦，我穿上跟大妈一样。

Zhèxiē yīfu guòshí la, wǒ chuānshàng gēn dàmā yíyàng.

B 去明洞吧，那里店多，衣服漂亮，而且还很便宜。

Qù Míngdòng ba, nàli diàn duō yīfu piàoliang, érqiě hái hěn piányi.

056위 情人眼里出西施嘛。

Qíngrén yǎnli chū Xīshī ma.

A 琳琳说她男朋友超级帅，可是我一看，难看死了。

Línlin shuō tā nánpéngyou chāojí shuài, kěshì wǒ yí kàn, nánkàn sǐle.

B 所以说情人眼里出西施嘛，琳琳喜欢不就好了。

Suǒyǐ shuō qíngrén yǎnli chū Xīshī ma！Línlin xǐhuan bújiù hǎo le.

057위 他只说不做！

Tā zhǐ shuō búzuò!

=他光说不做！ =他只会纸上谈兵！

Tā guāng shuō búzuò!　　Tā zhǐ huì zhǐshàngtánbīng!

A 他只说不做！遇到这种人真是倒霉啊。

Tā zhǐshuō búzuò! Yùdào zhèzhǒngrén zhēnshì dǎoméi a.

B 这样的人就是讨厌，别跟他打交道就是了。

Zhèyàng de rén jiùshì tǎoyàn, bié gēn tā dǎjiāodao jiùshì le.

058위 뻔한 것을 잘못 보고 있을 때 비난조로 이르는 말

눈이 삐었구나!

- 샤오리는 왜 이런 남자를 사귀었지? 학벌도 안되고 직장도 없는데, 정말 눈이 삐었구나!
- 나도 이해가 안 되더라, 그 사람보다 더 좋은 남자들이 널렸는데 말이야.

059위 노출이 너무 심한 옷을 이르는 말

옷이 너무 야하네.

- 이 옷 예뻐? 사고 싶은데.
- 예쁘기는, 옷이 너무 야하네, 응큼한 남자들이 쳐다봐도 괜찮겠어?

060위 말씨나 태도 따위가 지나치게 부드러울 때

걘 듣기 좋은 말만 해.

- 걔가 나는 성격 좋고, 몸매 좋고, 특히 웃을 때 보조개가 너무 예쁘다고 했어.
- 걘 듣기 좋은 말만 해, 여자들한테 환심사는 데 선수라니까.

058위 真是没眼光!

Zhēnshì méi yǎnguāng.

A 小丽怎么交了这么个男朋友啊？没学历没工作的，**真是没眼光!**

Xiǎo Lǐ zěnme jiāo le zhème ge nánpéngyou a? Méi xuélì méi gōngzuò de, zhēnshì méi yǎnguāng.

B 我也想不通，比他优秀的男人多得是。

Wǒ yě xiǎng butōng, bǐ tā yōuxiù de nánrén duōdeshì.

059위 衣服太暴露了。

Yīfu tài bàolòu le!

=衣服太露了。

yīfu tài lòu le!

A 这衣服好看吗？我想买下来。

Zhè yīfu hǎokàn ma? Wǒ xiǎng mǎixiàlai.

B 漂亮什么啊，**衣服太暴露了**，你不怕被色狼盯上？

Piàoliang shénme a, yīfu tài bàolòu le, nǐ búpà bèi sèláng dīngshàng?

060위 他的嘴甜着呢。

Tā de zuǐ tiánzhe ne.

A 他说我性格好，说我很苗条，特别是笑的时候的酒窝很漂亮。 Tā shuō wǒ xìnggé hǎo, shuō wǒ hěn miáotiao, tèbié shì xiào de shíhou de jiǔwō hěn piàoliang.

B **他的嘴甜着呢**，最擅长讨女孩欢心。

Tā de zuǐ tiánzhe ne, zuì shàn cháng tǎo nǚ hái huānxin.

61위 - 72위

061위 괜히 폼 잡지마!

062위 회사에서 메신저를 막아놨어.

063위 오늘 정말 푹 잤어.

064위 촌스럽긴!

065위 걘 꿈같은 소리만 해요.

066위 난 거짓말 같은 거 안 해.

067위 바보같이 굴지마!

068위 내숭 떨지마!

069위 걔 건망증 있잖아.

070위 버벅대지 마!

071위 우린 정말 인연있나 봐.

072위 기분이 꿀꿀해!

061위 别耍酷了!
Bié shuǎkù le!

062위 公司屏蔽了MSN。
Gōngsī píngbì le MSN.

063위 我今天睡得好爽。
Wǒ jīntiān shuì de hǎo shuǎng.

064위 好土!
Hǎo tǔ!

065위 他净想好事儿。
Tā jìng xiǎng hǎoshìr.

066위 我才不会随便说谎骗人呢。
Wǒ cái búhuì suíbiàn shuōhuǎng piànrén ne.

067위 别跟个笨蛋似的!
Bié gēn ge bèndàn shìde!

068위 别装蒜!
Bié zhuāngsuàn!

069위 他健忘!
Tā jiànwàng!

070위 别笨手笨脚的!
Bié bènshǒubènjiǎo de!

071위 我们真的很投缘。
Wǒmen zhēnde hěn tóuyuán.

072위 心情很糟!
Xīnqíng hěn zāo!

061위 으쓱거리고 뽐내는 티를 낼 때

괜히 폼 잡지마!

- 괜히 폼 잡지마! 네가 연예인이나 되는 줄 알아?
- 남의 일에 신경 끄고, 너나 잘해라.

062위 회사에서 메신저를 사용하지 못하도록 차단했을 때

회사에서 메신저를 막아놨어.

- 네 MSN주소가 뭐야? 내가 너를 추가하면 나중에 우리 수시로 연락할 수 있을 거야.

- 회사에서 메신저를 막아놨어, 나중에 일이 있으면 나한테 전화해.

063위 달콤한 잠을 잤을 때

오늘 정말 푹 잤어.

- 어제 집에 너무 늦게 들어갔지? 오늘 낮에 너 안보이더라, 집에서 자고 있었어?
- 응, 어제 새벽에 들어와서 지금까지 잤거든, 정말 푹 잤어.

061위 别耍酷了！

Bié shuǎkù le!

= 别拽了！

Bié zhuǎi le!

A 你别耍酷了！就你那个傻样还想当明星啊？

Nǐ bié shuǎkù le! Jiù nǐ nàge shǎyàng hái xiǎng dāng míngxīng a?

B 别人的事情少操心，管好你自己吧。

Biérén de shìqing shǎo cāoxin, guǎnhǎo nǐ zìjǐ ba.

062위 公司屏蔽了MSN。

Gōngsī píngbì le MSN.

= 公司不让上MSN。　= 公司不让用MSN。

Gōngsī bú ràng shàng MSN.　　Gōngsī bú ràng yòng MSN.

A 你的MSN是什么？我加你，到时候我们就随时可以联系了。

Nǐ de MSN shì shénme? Wǒ jiā nǐ, dào shíhou wǒmen jiùsuíshí kěyǐ liánxì le.

B 公司屏蔽了MSN，以后有事情你就打电话给我吧。

Gōngsī píngbì le MSN, yǐhòu yǒu shìqing nǐ jiù dǎ diànhuà gěiwǒ ba.

063위 我今天睡得好爽。

Wǒ jīntiān shuì de hǎo shuǎng.

= 我今天睡饱了。　= 我今天睡够了。　= 我今天睡足了。

Wǒ jīntiān shuìbǎo le.　　Wǒ jīntiān shuìgòu le.　　Wǒ jīntiān shuìzú le.

A 昨天回家很晚了吧？今天白天都没见到你，在家睡觉了吧？

Zuótiān huíjiā hěn wǎn le ba? Jīntiān báitiān dōu méi jiàndào nǐ, zài jiā shuìjiào le ba?

B 是啊，昨天凌晨回来一直睡到现在，我今天睡得好爽。

Shìa, zuótiān língchén huílai yìzhí shuìdào xiànzài, wǒ jīntiān shuì de hǎo shuǎng.

064위 어울린 맛과 세련됨이 없이 어수룩한 데가 있을 때

촌스럽긴!

– 이 디자인이 정말 괜찮지 않아?
– 촌스럽긴! 지금이 어느 땐데 이런 디자인을 써.

065위 어떤 사람이 터무니 없는 소리만을 할 때

걘 꿈같은 소리만 해요.

– 걔가 이번 고등 HSK 구술시험에서 만점 받았으면 좋겠다고 하더라.
– 걘 꿈같은 소리만 해요. 평소에 제대로 공부를 하지 않으면서,
  만점은 커녕 통과만 되도 운이 좋은 거야.

066위 진정성을 의심받았을 때

난 거짓말 같은 거 안 해.

– 안 들어봐도 뻔해. 그런 말을 밥 먹듯이 하잖아.
– 거짓말 같은 거 안 해. 네가 날 안 믿어주면 누가 나를 믿어주겠어.

064위 好土！

Hǎo tǔ!

A 你不觉得这个设计很不错吗？
Nǐ bù juéde zhège shèjì hěn búcuò ma?

B 好土！现在都什么时代了，还用这种设计。
Hǎo tǔ! Xiànzài dōu shénme shídài le, háiyòng zhèzhǒng shèjì.

065위 他净想好事儿。

Tā jìng xiǎng hǎoshìr.

A 他说这次HSK高级口语考试要是得满分就好了。
Tā shuō zhèci HSK gāojí kǒuyǔ kǎoshì yàoshì dé mǎnfēn jiùhǎo le.

B 他净想好事儿。平时都不好好学习，别说满分了，
能及格就算他运气了。
*Tā jìng xiǎng hǎoshìr. Píngshí dōu bù hǎohāo xuéxí, bié shuō mǎnfēn le,
néng jígé jiùsuàn tā yùnqi le.*

066위 我才不会随便说谎骗人呢。

Wǒ cái búhuì suíbiàn shuōhuǎng piànrén ne.

A 不用听也知道你要说什么，你不是天天把这些话挂
在嘴上吗。 *Búyòng tīng yě zhīdao nǐ yào shuō shénme, nǐ búshì tiāntiān bǎ
zhèxiē huà guàzài zuǐshàng ma.*

B 我才不会随便说谎骗人呢，如果连你都不相信我的
话，那还有谁相信我。 *Wǒ cái búhuì suíbiàn shuōhuǎng piànrén ne,
rúguǒ lián nǐ dōu bù xiāngxìn wǒ de huà, nà háiyǒu shuí xiāngxìn wǒ.*

067위 어리석고 못나게 굴지 말라고 충고할 때

바보같이 굴지마!

– 아직도 걔를 못 잊겠어, 어쩌면 좋아?
– 바보같이 굴지 마!

068위 겉으로는 순해 보이나 속으로는 엉큼할 때

내숭 떨지마!

– 이 일에 대해 난 아무것도 몰라.
– 내숭 떨지마! 뻔히 알면서.

069위 무언가 자주 잊어버리는 사람을 얘기할 때

걔 건망증 있잖아.

– 들어오고 나서 문 잠그는거 잊지 말라고 걔한테 몇 번이나 말했는데 여전히 안 잠그더라. 참!
– 걔 건망증 있잖아. 화 좀 풀어, 내가 잠글게.

067위 别跟个笨蛋似的！

Bié gēn ge bèndàn shìde!

A 我发现我还是忘不掉他，怎么做才好呢？
Wǒ fāxiàn wǒ háishi wàngbudiào tā, zěnme zuò cái hǎo ne?

B 别跟个笨蛋似的！
Bié gēn ge bèndàn shì de!

068위 别装蒜！

Bié zhuāngsuàn!

=别装了！
Bié zhuāng le!

A 我不知道这件事情啊。
Wǒ bùzhīdào zhèjiàn shìqing a.

B 别装蒜！明明知道。
Bié zhuāngsuàn! míngmíng zhīdao.

069위 他健忘！

Tā jiànwàng!

A 进来后记得关门，跟他说了几遍还是不关，真是！
Jìnlái hòu jìde guānmén, gēn tā shuō le jǐbiàn háishì bù guān, zhēnshì!

B 他健忘！消消气，我去关！
Tā jiànwàng! Xiāoxiaoqì, wǒ qù guān.

070위 일 따위가 서툴러서 도움이 되지 않는 상대방에게

버벅대지 마!

- 밥하려고? 도와줄까?
- 버벅대지 말고, 저리 가 있어!

071위 마음이나 성격이 서로 잘 맞았을 때

우린 정말 인연있나봐.

- 듣자하니 너랑 네 남편은 첫눈에 반했다며?
- 맞아! 우리는 처음 만났을 때 필이 왔거든, 우린 정말 인연있나봐.

072위 기분이 몹시 우울할 때

기분이 꿀꿀해!

- 왜 그래? 무슨 일 있어?
- 시험에 떨어졌어, 기분이 꿀꿀해!

070위 别笨手笨脚的！

Bié bènshǒubènjiǎo de!

A 要做饭吗？我帮你吧？
Yào zuòfàn mā? Wǒ bāng nǐ ba?

B 别笨手笨脚的！一边坐着去！
Bié bènshǒubènjiǎo de! Yìbiān zuòzhe qù!

071위 我们真的很投缘。

Wǒmen zhēnde hěn tóuyuán.

A 听说你和你老公是一见钟情？
Tīngshuō nǐ hé nǐ lǎogōng shì yíjiànzhōngqíng?

B 没错，我们第一次见面就很有感觉，我们真的很投缘。
Méicuò, wǒmen dìyīcì jiànmiàn jiù hěn yǒu gǎnjué, wǒmen zhēnde hěn tóuyuán.

072위 心情很糟！

Xīnqíng hěn zāo!

=心情糟透了！ =心情糟糕透了！ =心情糟糕极了！
Xīnqíng zāotòu le!   *Xīnqíng zāogāo tòu le!*   *Xīnqíng zāogāo jíle!*

A 你怎么了？发生什么事情了？
Nǐ zěnme le? Fāshēng shénme shìqing le?

B 考试不及格啊，心情很糟！
Kǎoshì bù jígé a, xīnqíng hěn zāo!

73위 – 84위

073위 너나 잘 하세요!

074위 잔소리 좀 그만하세요!

075위 여기서 드실 건가요, 아니면 포장인가요?

076위 그야 식은 죽 먹기지.

077위 시간 가는 줄 몰랐네.

078위 더 이상 못 참겠어!

079위 나한테 화풀이하지 마.

080위 땡전 한 푼도 없어.

081위 세상에 공짜는 없어.

082위 그거 다 화장발이야.

083위 너 삐쳤니?

084위 그는 앞뒤가 꽉 막혔어.

73위 – 84위

073위 管好你自己吧！
Guǎnhǎo nǐ zìjǐ ba!

074위 别唠叨了！
Bié láodao le!

075위 在这儿吃还是带走？
Zài zhèr chī háishi dàizǒu?

076위 小菜一碟。
Xiǎocài yìdié.

077위 时间过得好快啊！
Shíjiān guò de hǎo kuài a!

078위 再也忍不下去了！
Zài yě rěnbuxiàqu le.

079위 别拿我出气。
Bié ná wǒ chūqì.

080위 我身无分文。
Wǒ shēnwúfēnwén.

081위 天下没有免费的午餐。
Tiānxià méiyǒu miǎnfèi de wǔcān.

082위 那都是包装出来的！
Nà dōushì bāozhuāngchulai de!

083위 你在生我的气吗？
Nǐ zài shēng wǒ de qì ma?

084위 他非常顽固。
Tā fēicháng wángù.

073위 남이 쓸데없이 나의 일에 간섭할 때

너나 잘 하세요!

– 이렇게 하면 안돼. 나중에 문제가 더 복잡해질 거야.
– 너나 잘 하세요! 남의 일에 간섭하는 게 취미야?

074위 필요 이상으로 듣기 싫게 꾸짖거나 참견할 때

잔소리 좀 그만하세요!

– 잔소리 좀 그만하세요! 내 귀에 못이 박히겠어요.
– 다 너를 위해서야. 어른 말 들어서 손해볼 것 없다.

075위 식당에서 주문한 음식의 포장 여부를 물을 때

여기서 드실 건가요,
아니면 포장인가요?

– 음식은 세트로 두 개를 주문하셨는데 여기서 드실 건가요,
  아니면 포장인가요?
– 가져갈게요, 싸 주세요.

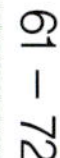

073위 管好你自己吧！

Guǎnhǎo nǐ zìjǐ ba!

= 做好你自己的事儿吧！

Zuòhǎo nǐ zìjǐ de shìr ba!

A 你这样做是错的。以后麻烦会很多的呀。
Nǐ zhèyàng zuò shì cuò de. Yǐhòu máfan huì hěnduō de ya.

B 管好你自己吧！管闲事是你的爱好吗？
Guǎnhǎo nǐ zìjǐ ba! Guǎnxiánshì shì nǐde àihào ma?

074위 别唠叨了！

Bié láodao le!

= 别啰嗦！

Bié luōsuō!

A 别唠叨了！我耳朵都起茧了。
Bié láodao le! Wǒ ěrduo dōu qǐjiǎn le.

B 这是为你好，不听老人言吃亏在眼前。
Zhè shì wèi nǐ hǎo, bù tīng lǎorén yán chīkuī zài yǎnqián.

075위 在这儿吃还是带走？

Zài zhèr chī háishi dàizǒu?

= 在这儿吃还是打包？

Zài zhèr chī háishi dǎbāo?

A 您一共点了两份套餐，在这儿吃还是带走？
Nín yígòng diǎn le liǎngfèn tàocān, zài zhèr chī háishi dàizǒu?

B 带走，帮我打包。
Dàizǒu, bāng wǒ dǎbāo.

076위 어떤 일이 아주 쉬운 일임을 비유할 때

그야 식은 죽 먹기지.

- 어제 하루 종일 돌아다니고. 오늘은 또 하루 종일 일해야
  되는데 괜찮겠어?
- 그야 식은 죽 먹기지, 난 체력이 좋거든.

077위 어떤 일에 집중해서 시간이 흐름을 몰랐을 때

시간 가는 줄 몰랐네.

- 너 여기서 벌써 3시간이나 앉아서 뭐해?
- 영화보고 있었어, 정말 재밌어서, 시간 가는 줄 몰랐네.

078위 충동이나 감정 따위를 억누를 수 없을 때

더 이상 못 참겠어!

- 잘못한 것도 아닌데 왜 나에게 욕하는 거야? 더 이상 못 참겠어!
- 그래도 그 사람이 윗사람이잖아, 좀 참아라.

076위 小菜一碟。

Xiǎocài yìdié.

A 你昨天逛了一天街，今天还要工作一天，你行吗？
Nǐ zuótiān guàng le yìtiān jiē, jīntiān háiyào gōngzuò yìtiān, nǐ xíng ma?

B 小菜一碟。我的体力可是很好的。
Xiǎocài yìdié. Wǒ de tǐlì kě shì hěnhǎo de.

077위 时间过得好快啊!

Shíjiān guò de hǎo kuài a!

=不知道时间过得这么快。
Bù zhīdào shíjiān guò de zhème kuài.

A 你都在这里坐了三个小时了，在干什么呢？
Nǐ dōuzài zhèli zuòle sānge xiǎoshí le, zài gàn shénme ne?

B 我在看电影，太精彩了，时间过得好快啊!
Wǒ zài kàn diànyǐng, tài jīngcǎi le, shíjiān guò de hǎokuài a!

078위 再也忍不下去了!

Zài yě rěnbuxiàqu!

=忍无可忍了。
Rěnwúkěrěn le.

A 我又没错为什么要骂我？再也忍不下去了!
Wǒ yòu méicuò wèishénme yào mà wǒ? Zài yě rěn bu xià qu.

B 毕竟他是长辈，忍着点儿。
Bìjìng tāshì zhǎngbèi, rěnzhediǎnr.

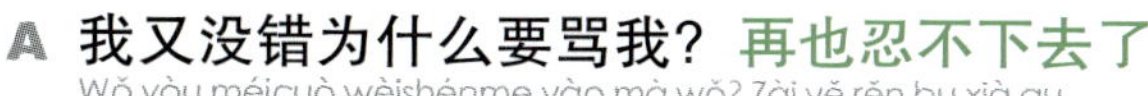

079위 상대방이 화난 감정을 나한테 풀 때

나한테 화풀이하지 마.

– 왜 눈앞에서 얼쩡거려. 귀찮게?
– 기분이 안 좋다고, 나한테 화풀이하지 마.

080위 수중에 돈이 없을 때

땡전 한 푼도 없어.

– 너무 우울해 보여. 파산하고 나서 지내기 힘든거니?
– 응, 땡전 한 푼도 없어, 밥 사먹을 돈도 없고.

081위 힘이나 돈을 들이지 않고 거저 얻을 수 없음을 인지 시킬 때

세상에 공짜는 없어.

– 정말 재수 없어, 또 사기당했어.
– 세상에 공짜는 없어. 넌 욕심이 참 많아.

079위 别拿我出气。

Bié ná wǒ chūqì.

=别拿我当出气筒。

Bié ná wǒ dāng chūqìtǒng.

A 你怎么总是在我眼前晃来晃去，烦不烦？
Nǐ zěnme zǒngshì zài wǒ yǎnqián huànglái huàngqù, fánbufán?

B 你自己心情不好，**别拿我出气**。
Nǐ zìjǐ xīnqíng bùhǎo, bié ná wǒ chūqì.

080위 我身无分文。

Wǒ shēnwúfēnwén.

A 你看上去很郁闷，破产以后是不是日子很难过？
Nǐ kànshangqù hěn yùmèn, pòchǎn yǐhòu shìbushì rìzi hěn nánguò?

B 是啊，**我身无分文**，没钱吃饭。
Shì a, wǒ shēnwúfēnwén, méi qián chīfàn.

081위 天下没有免费的午餐。

Tiānxià méiyǒu miǎnfèi de wǔcān.

=天上不会掉馅饼。

Tiān shàng búhuì diòo xiònbǐng.

A 真倒霉，我又被人骗了。
Zhēn dǎoméi, wǒ yòu bèi rén piàn le.

B **天下没有免费的午餐**，你太贪心了。
Tiānxià méiyǒu miǎnfèi de wǔcān, nǐ tài tānxīn le.

082위 곱게 화장해서 예뻐 보이는 여자에게 질투 나서 하는 말

그거 다 화장발이야.

- 그 여자 봤어? 정말 이쁘다!
- 그거 다 화장발이야. 나도 화장 좀 하면 개보다 예뻐.

083위 상대방이 성이 나서 토라져 있을 때

나한테 삐쳤니?

- 나한테 삐쳤니? 용서해 줘, 내가 일부러 그런 게 아니야.
- 다음에 또 그러면 절대 가만 안 둬.

084위 생각이나 행동 따위가 융통성이 없어 답답함을 느낄 때

그는 앞뒤가 꽉 막혔어.

- 그는 앞뒤가 꽉 막혔어, 설득할 생각 하지마.
- 응, 내가 정말 입이 닳도록 설득해 봤는데 안되더라.

082위 那都是包装出来的！
Nà dōushì bāozhuāngchulai de!

A 看见那个女的了吗？她真漂亮！
Kànjiàn nàge nǚde le mā? Tā zhēn piàoliang!

B 那都是包装出来的，要是我也化化妆的话比她还漂亮。
Nà dōushì bāozhuāngchulai de, yàoshi wǒ yě huàhua zhuāng dehuà bǐ tā hái piàoliang.

083위 你在生我的气吗？
Nǐ zài shēng wǒ de qì ma?

=你生气了？　=你在和我生气吗？
Nǐ shēngqì le?　　　Nǐ zài hé wǒ shēngqì ma?

A 你在生我的气吗？原谅我吧，我不是故意的。
Nǐ zài shēng wǒ de qì ma? Yuánliàng wǒ ba, wǒ búshì gùyì de.

B 下次再这样，我可饶不了你。
Xiàcì zài zhèyàng, wǒ kě ráobuliǎo nǐ.

084위 他非常顽固。
Tā fēicháng wángù.

=他顽固至极。=他相当顽固。
Tā wángù zhìjí.　　　Tā xiāngdāng wángù.

A 他非常顽固，你别想劝服他。
Tā fēicháng wángù, nǐ bié xiǎng quànfú tā.

B 嗯，我试过了，真是磨破了嘴皮，但是还是失败了。
Ń, wǒ shìguo le, zhēnshì mópò le zuǐpí, dànshì háishi shībài le.

85위 – 96위

085위 왜 맨날 그 모양이니?

086위 좋은 사람 있으면 소개시켜 줘.

087위 카드로 내시겠습니까, 현금으로 내시겠습니까?

088위 신용카드로 할게요.

089위 입에 침이나 바르고 거짓말해.

090위 생각이 날 듯 말 듯 해.

091위 넌 정말 까다로워.

092위 이 집에서 잘하는 게 뭐야?

093위 스트레스 어떻게 푸세요?

094위 걔 양다리 걸쳤어.

095위 분위기 깨지 마!

096위 더치페이 하자.

85위 – 96위

085위 你干吗总是这样？
Nǐ gànmá zǒngshì zhèyàng?

086위 如果有好人的话介绍给我哦。
Rúguǒ yǒu hǎorén dehuà jièshàogěi wǒ o.

087위 现金还是信用卡？
Xiànjīn háishi xìnyòngkǎ?

088위 我刷卡。
Wǒ shuākǎ.

089위 说谎不打草稿。
Shuōhuǎng bùdǎ cǎogǎo.

090위 它就在我嘴边。
Tā jiùzài wǒ zuǐbiān.

091위 你太挑剔了。
Nǐ tài tiāotī le.

092위 这家什么菜最有特色？
Zhèjiā shénme cài zuìyǒu tèsè?

093위 你怎么减压的？
Nǐ zěnme jiǎnyā de?

094위 她脚踏两只船。
Tā jiǎo tà liǎngzhī chuán.

095위 别扫兴!
Bié sǎoxìng.

096위 我们AA制吧。
Wǒmen AA zhì ba.

085위 어떠한 형편이나 꼴이 마음에 들지 않을 때

왜 맨날 그 모양이니?

- 나 또 왕더화랑 싸웠어, 걔가 헤어지자고 했거든.
- 왜 맨날 그 모양이니? 너희들 조용히 살 수 없니?

086위 괜찮은 사람을 소개 받고자 원할 때

좋은 사람 있으면 소개시켜 줘.

- 나 단체미팅에 가려고 준비 중이야, 괜찮은 사람 많을 것 같은데.
- 좋은 사람 있으면 나도 소개시켜 줘. 행운을 빌어.

087위 결제 수단에 대해 물을 때

카드로 하시겠습니까, 현금으로 하시겠습니까?

- 카드로 하시겠습니까, 현금으로 하시겠습니까?
- 현금으로 하겠습니다.

085위 你干吗总是这样?

Nǐ gànmá zǒngshì zhèyàng?

A 我又和王德华吵架了，他说要分手。
Wǒ yòu hé Wáng Déhuá chǎojià le, tā shuō yào fēnshǒu.

B 你干吗总是这样? 你们两人不能平静地生活吗?
Nǐ gànmá zǒngshì zhèyàng? Nǐmen liǎngrén bùnéng píngjìng de shēnghuó ma?

086위 如果有好人的话介绍给我哦。

Rúguǒ yǒu hǎorén dehuà jièshàogěi wǒ o.

A 我正准备去联谊会呢，好像有很多很不错的人哦。
Wǒ zhèng zhǔnbèi qù liányìhuì ne, hǎoxiàng yǒu hěnduō hěn bú cuò de rén o.

B 如果有好人的话介绍给我哦。祝你好运。
Rúguǒ yǒu hǎorén dehuà jièshàogěi wǒ o. Zhù nǐ hǎoyùn.

087위 现金还是信用卡?

Xiànjīn háishi xìnyòngkǎ?

A 现金还是信用卡?
Xiànjīn háishi xìnyòngkǎ?

B 现金。
Xiànjīn.

088위 신용카드로 지불하고자 할 때

신용카드로 할게요.

– 손님, 현금으로 하시겠습니까, 신용카드로 하시겠습니까?
– 신용카드로 할게요.

089위 사실이 아닌 것을 사실인 것처럼 꾸며 말함을 질책할 때

입에 침이나 바르고 거짓말해.

– 너라는 사람은 정말 미덥지 않아, 입에 침이나 바르고 거짓말해.
– 내가 뭘? 난 항상 바른 말만 하거든, 네가 내 말을 잘못 이해한 거야.

090위 말하고자 하는 대상의 단어, 명칭 등 적절한 표현이 생각이 날 듯 말 듯 할 때

생각이 날 듯 말 듯 해.

– 우딴의 고향이 어디더라?
– 갑자기 생각 안나네, 전에 말해줬었는데 생각이 날 듯 말 듯 해.

088위 我刷卡。

Wǒ shuākǎ.

A 小姐，您是付现金还是刷卡？
Xiǎojie, nín shì fù xiànjīn háishi shuākǎ?

B 我刷卡。
Wǒ shuākǎ.

089위 说谎不打草稿。

Shuōhuǎng bùdǎ cǎogǎo.

A 你这人太不可信了。说谎不打草稿。
Nǐ zhèrén tài bù kěxìn le. Shuōhuǎng bùdǎ cǎogǎo.

B 哪有，我向来都说实话，是你自己理解错了我的话。
Nǎ yǒu, wǒ xiànglái dōushuō shíhuà, shì nǐ zìjǐ lǐjiě cuò le wǒde huà.

090위 它就在我嘴边。

Tā jiùzài wǒ zuǐbiān.

A 吴丹的家乡在哪里？
Wú Dān de jiāxiāng zài nǎlǐ?

B 突然记不起来了，他以前告诉过我。它就在我嘴边。
Tūrán jìbuqǐlái le, tā yǐqián gàosuguo wǒ. Tā jiù zài wǒ zuǐbiān.

091위 식성이나 취향 등을 맞추기 어려울 때

넌 정말 까다로워.

- 난 야채는 안 먹어, 고기만 먹어.
- 넌 정말 까다로워.

092위 식당에서 잘하는 요리를 물을 때

이 집에서 잘하는 게 뭐야?

- 이 집에서 잘하는 게 뭐야? 소개 좀 해 봐.
- 이 집 탕수육 정말 맛있던데, 우리 탕수육 시키자.

093위 스트레스 해소법을 물을 때

스트레스 어떻게 푸세요?

- 스트레스 어떻게 푸세요? 좋은 방법 있으세요?
- 별거 없어, 아침마다 운동을 좀 하거든, 다음에 같이 가자.

091위 你太挑剔了。
Nǐ tài tiāotī le.

=你太难伺候了。
Nǐ tài nán cìhou le.

A 我不吃蔬菜，只吃肉。
Wǒ bù chī shūcài, zhǐ chī ròu.

B 你太挑剔了。
Nǐ tài tiāotī le.

092위 这家什么菜最有特色？
Zhèjiā shénme cài zuì yǒu tèsè?

=这家的特色菜是什么？
Zhèjiā de tèsècài shì shénme?

A 这家什么菜最有特色？你给我介绍一下吧。
Zhèjiā shénme cài zuì yǒu tèsè? Nǐ gěi wǒ jièshào yíxià ba.

B 这家的锅包肉做的很不错哦，我们点锅包肉吧。
Zhèjiā de guōbāoròu zuò de hěn búcuò o, wǒmen diǎn guōbāoròu ba.

093위 你怎么减压的？
Nǐ zěnme jiǎnyā de?

A 你怎么减压的？有什么好办法吗？
Nǐ zěnme jiǎnyā de? Yǒu shénme hǎo bànfǎ ma?

B 也没什么，我每天早上都去运动，下次一起去吧。
Yě méi shénme, wǒ měitiān zǎoshang dōu qù yùndòng, xiàcì yìqǐ qù ba.

094위 두 명의 애인을 사이에 두고 연애하는 걸 봤을 때

개 양다리 걸쳤어.

- 왕리는 두 남자하고 사귀고 있데.
- 개 양다리 걸쳤어, 언젠가 탄로날 거야.

095위 좋은 분위기를 놓치기 싫을 때

분위기 깨지 마!

- 나 가야겠어.
- 분위기 깨지 마! 좀 더 놀자.

096위 식비 따위를 갹출해서 내고자 할 때

더치페이 하자.

- 오늘 내가 쏠게.
- 그러면 너무 미안하잖아, 더치페이 하자.

094위 她脚踏两只船。

Tā jiǎo tà liǎngzhī chuán.

A 王丽同时和两个男人在交往。
Wáng Lì tóngshí hé liǎngge nánrén zài jiāowǎng.

B 她脚踏两只船啊，总会露馅的。
Tā jiǎo tà liǎngzhī chuán a, zǒng huì lòuxiàn de.

095위 别扫兴!

Bié sǎoxìng!

=别破坏气氛!
Bié pòhuài qìfēn!

A 我要回去了。
Wǒ yào huíqù le.

B 别扫兴，再玩一会儿吧。
Bié sǎoxìng, zài wán yíhuìr ba.

096위 我们AA制吧。

Wǒmen AA zhì ba.

=我们各付各的。
Wǒmen gèfùgède.

A 今天我请客。
Jīntiān wǒ qǐngkè.

B 那多不好意思。我们AA制吧。
Nà duō bùhǎoyìsi. Wǒmen AA zhì ba.

97위 – 108위

097위 그냥 둘러보는 거에요.

098위 서비스입니다.

099위 너무 바빠서 무슨 일을 먼저 해야 할지 모르겠어.

100위 신세를 졌네요.

101위 깜빡 했어요.

102위 이거 돈 모아서 샀어.

103위 피부가 장난이 아닌데!

104위 괜한 걱정했네요.

105위 바겐세일을 하고 있어요.

106위 지금 전화 받기 곤란해.

107위 여기 그런 분 안 계신데요.

108위 난 음치야.

97위 - 108위

097위 我只是四处看看而已。
Wǒ zhǐshì sìchù kànkan éryǐ.

098위 这是免费的。
Zhè shì miǎnfèi de.

099위 太忙了，应该先做什么事情都不知道。
Tài máng le, yīnggāi xiān zuò shénme shìqing dōu bù zhīdào.

100위 我欠你个人情。
Wǒ qiàn nǐ ge rénqíng.

101위 我一时糊涂忘记了。
Wǒ yìshí hútu wàngjì le.

102위 这是凑钱买的。
Zhè shì còu qián mǎi de.

103위 你的皮肤不是一般的好啊！
Nǐ de pífū búshì yìbān de hǎo a!

104위 我的担心是多余的。
Wǒ de dānxīn shì duōyú de.

105위 现在打折促销。
Xiànzài dǎzhé cùxiāo.

106위 现在不方便接电话。
Xiànzài bùfāngbiàn jiē diànhuà.

107위 这里没有叫这个名字的人。
Zhèlǐ méiyǒu jiào zhège míngzi de rén.

108위 我唱歌跑调。
Wǒ chànggē pǎodiào.

097위 별다른 목적 없이 구경할 때

그냥 둘러보는 거에요.

– 손님, 마음에 드시는 옷 있으시면 입어 보세요.
– 그냥 둘러보는 거에요.

098위 무료로 제공되는 것임을 알릴 때

서비스입니다.

– 오늘이 발렌타인데이이라서 저희 가게에서 특별히 손님께 장미꽃
한 송이를 드립니다. 서비스입니다.
– 너무 예쁘다! 고맙습니다, 너무 잘 해주시네요.

099위 일이 많아서 정신없이 바쁠 때

너무 바빠서 무슨 일을 먼저 해야 할지 모르겠어.

– 너 왜 그렇게 허둥지둥 대고 있어?
– 너무 바빠서 무슨 일을 먼저 해야 할지 모르겠어.

097위 我只是四处看看而已。
Wǒ zhǐshì sìchù kànkan éryǐ.

A 小姐，有什么喜欢的衣服可以试一下。
Xiǎojie, yǒu shénme xǐhuan de yīfu kěyǐ shì yíxià.

B 我只是四处看看而已。
Wǒ zhǐshì sìchù kànkan éryǐ.

098위 这是免费的。
Zhè shì miǎnfèi de.

=这是赠送的。
Zhè shì zèngsòng de.

A 今天是情人节，我们店特别送上玫瑰一枝，这是免费的。 Jīntiān shì qíngrénjié, wǒmen diàn tèbié sòngshàng méigui yìzhī, zhè shì miǎnfèi de.

B 好漂亮啊！谢谢，你们做得太周到了。
Hǎo piàoliang a! Xièxie, nǐmen zuò de tài zhōudào le.

099위 太忙了，应该先做什么事情都不知道。
Tài máng le, yīnggāi xiān zuò shénme shìqing dōu bùzhīdào.

A 你手忙脚乱的干什么呢？
Nǐ shǒumángjiǎoluàn de gàn shénme ne?

B 我太忙了，应该先做什么事情都不知道。
Wǒ tàimáng le, yīnggāi xiān zuò shénme shìqing dōu bùzhīdào.

100위 다른 사람에게 도움을 받거나 폐를 끼쳤을 때

신세를 졌네요.

- 이번에 정말 큰 도움이 됐어요, 신세를 졌네요.
- 우리 사이에 섭섭하게 별말씀을요.

101위 기억해 두어야 할 것을 한순간 미처 생각해 내지 못했을 때

깜빡 했어요.

- 왜 빈손으로 들어 와? 뭐 사러 나간 거 아니야?
- 맞다, 생수! 깜박 했어요.

102위 돈이나 재물을 쓰지 않고 모아서 어떤 물건을 샀을 때

이거 돈 모아서 샀어.

- 이거 새로 산 차야? 너무 예쁘다!
- 아니, 중고차야. 이거 돈 모아서 샀어.

100위 我欠你个人情。

Wǒ qiànnǐ ge rénqíng.

=我欠你一次。

Wǒ qiàn nǐ yícì.

A 这次你可是帮了大忙了，我欠你个人情。
Zhècì nǐ kě shì bāng le dàmáng le, wǒ qiàn nǐ ge rénqíng.

B 你这么说可是见外了。
Nǐ zhème shuō kě shì jiànwài le.

101위 我一时糊涂忘记了。

Wǒ yìshí hútu wàngjì le.

A 你为什么空手回来了？不是要去买东西吗？
Nǐ wèi shénme kōngshǒu huílai le? Búshì yàoqù mǎi dōngxi ma?

B 对了，矿泉水！我一时糊涂忘记了。
Duì le, kuàngquánshuǐ! Wǒ yìshí hútu wàngjì le.

102위 这是凑钱买的。

Zhè shì còu qián mǎi de.

A 这是你新买的车吗？好漂亮啊!
Zhè shì nǐ xīn mǎi de chē ma? Hǎo piàoliang a!

B 不是，是二手车。这是凑钱买的。
Búshì, shì èrshǒuchē. Zhè shì còu qián mǎi de.

105

103위 피부가 굉장히 좋다는 표현을 할 때
또는 그 반대의 의미를 표현할 때

피부가 장난이 아닌데!

– 너 피부가 장난이 아닌데! 무슨 비결이라도 있어?
– 비결은 무슨, 그냥 매일 운동하고, 제때에 자고, 밤 안 새는 거지.

104위 어떤 일에 대한 자신의 걱정이 쓸데없었음을 알았을 때

괜한 걱정했네요.

– 이번 일을 이렇게 깔끔하게 하는 걸 보니 제가 괜한 걱정했네요.
– 사실 처음에 저도 어디가 잘못되나 걱정 많이 했어요.

105위 일정 기간 내에 물건 따위를 일정 금액 할인해서 판매할 때

바겐세일을 하고 있어요.

– 마트에서 창립 10주년 기념 바겐세일을 하고 있어요.
– 그래요? 언제까지에요?

103위 你的皮肤不是一般的好啊！

Nǐ de pífū búshì yìbān de hǎo a!

A 你的皮肤不是一般的好啊！有什么秘诀吗？
Nǐ de pífū búshì yìbān de hǎo a! Yǒu shénme mìjué ma?

B 没有什么秘诀，只是每天做运动，按时睡觉，不熬夜。
Méiyǒu shénme mìjué, zhǐshì měitiān zuò yùndòng, ànshí shuìjiào, bù áoyè.

104위 我的担心是多余的。

Wǒ de dānxin shì duōyú de.

A 这次任务你干得这么漂亮，看来我的担心是多余的。
Zhècì rènwù nǐ gàn de zhème piàoliang, kànlai wǒ de dānxin shì duōyú de.

B 其实一开始我也很担心，怕哪里会出错。
Qíshí yì kāishǐ wǒ yě hěn dānxin, pà nǎli huì chūcuò.

105위 现在打折促销。

Xiànzài dǎzhé cùxiāo.

A 在超市里，为了纪念创立十周年，现在打折促销。
zài chāoshìli, wèile jìniàn chuànglì shí zhōunián, xiànzài dǎzhé cùxiāo.

B 是吗？到什么时候啊？
Shì ma? Dào shénme shíhou a?

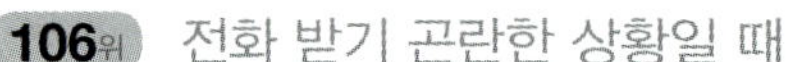

106위 전화 받기 곤란한 상황일 때

지금 전화 받기 곤란해.

- 나 지금 회의중이야, 전화 받기 곤란해.
- 그럼 회의 끝나면 바로 전화해 줘.

107위 전화를 해서 엉뚱한 사람을 찾을 때

여기 그런 분 안 계신데요.

- 안녕하세요, 왕씽리 씨 계세요?
- 죄송해요, 여기 그런 분 안 계신데요.

108위 소리에 대한 음악적 감각이나 지각이 매우 없을 때

난 음치야.

- 오늘 밤 우리 노래방에 가자.
- 안 가, 난 음치야. 창피해.

106위 现在不方便接电话。
Xiànzài bùfāngbiàn jiē diànhuà.

A 我**现在**在开会，**不方便接电话**。
Wǒ xiànzài zài kāihuì, bùfāngbiàn jiē diànhuà.

B 那会议结束后马上给我打电话。
Nà huìyì jiéshù hòu mǎshàng gěi wǒ dǎ diànhuà.

107위 这里没有叫这个名字的人。
Zhèlǐ méiyǒu jiào zhège míngzi de rén.

=这里没有这个人。
Zhèlǐ méiyǒu zhège rén.

A 你好，请问王兴利在吗？
Nǐ hǎo, qǐngwèn Wáng Xìnglì zài ma?

B 不好意思，这里没有叫这个名字的人。
Bùhǎoyìsi, zhèlǐ méiyǒu jiào zhège míngzi de rén.

108위 我唱歌跑调。
Wǒ chànggē pǎodiào.

=我是个音乐白痴。
Wǒ shìge yīnyuè báichī.

A 我们今晚去唱歌吧。
Wǒmen jīnwǎn qù chànggē ba.

B 不去，我唱歌跑调，可丢脸了。
Búqù, wǒ chànggē pǎodiào, kě diūliǎn le.

* 练歌房 liàngēfáng：노래방

109위 – 120위

109위 정말 밥 맛 떨어지네.

110위 너무 기뻐 죽겠어요!

111위 핑계대지 마!

112위 대단해!

113위 운이 좋군!

114위 말해봤자 소용없어, 시간낭비야!

115위 싼 게 비지떡이야.

116위 옷이 날개야.

117위 그 남자한테 홀딱 반했어.

118위 일부러 관심 없는 척 하는 거겠지!

119위 아직 이상형을 찾는 중이야.

120위 맛이 아주 좋아!

109위 - 120위

109위 真倒胃口。
Zhēn dǎo wèikou.

110위 高兴死了！
Gāoxìng sǐle!

111위 别找借口！
Bié zhǎo jièkǒu!

112위 厉害！
Lìhai!

113위 运气真好啊！
Yùnqi zhēnhǎo a!

114위 说了也没用，浪费时间！
Shuō le yě méiyòng, làngfèi shíjiān!

115위 便宜没好货。
Piányi méi hǎohuò.

116위 人靠衣装马靠鞍。
Rén kào yīzhuāng mǎ kào ān.

117위 一下子迷上了那个男人。
Yíxiàzi míshàng le nàge nánrén.

118위 故意装不感兴趣的吧！
Gùyì zhuāng bùgǎn xìngqù de ba!

119위 我还在寻找我的白马王子。
Wǒ háizài xúnzhǎo wǒ de báimǎwángzǐ.

120위 人间美味！
Rénjiān měiwèi!

109위 마음에 들지 않는 어떤 대상으로 인해
정이 떨어지거나 상대하기 싫을 때

정말 밥 맛 떨어지네.

– 여자는 어쩜 그렇게 못 생겼냐, 완전 호박이야.
– 맞아, 정말 밥 맛 떨어지네, 내가 점심을 안 먹었으니 다행이지.

110위 어떠한 일로 인해 매우 기쁠 때

너무 기뻐 죽겠어요!

– 이번 시험에서 1등 했다며!
– 정말 상상도 못했어요, 너무 기뻐 죽겠어요!

111위 잘못한 일에 대하여 이리저리 말을 돌리며 구차한 변명을 할 때

핑계대지 마!

– 일이 너무 바빠서 네 생일을 깜빡했어.
– 핑계대지 마! 난 안중에도 없는 거지.

109위 真倒胃口。

Zhēn dǎo wèikou.

=真恶心。 =真让人想吐。

Zhēn ěxin.   Zhēn ràng rén xiǎng tù.

A 女的怎么那么丑，真像恐龙。

Nǚde zěnme nàme chǒu, zhēn xiàng kǒnglóng.

B 是啊，真倒胃口，还好我还没吃午饭。

Shì a, zhēn dǎo wèikou, háihǎo wǒ hái méi chī wǔfàn.

*恐龙：못생긴 여자, 青蛙：못생긴 남자

110위 高兴死了！

Gāoxìng sǐle!

=太高兴了！ =高兴极了！

Tài gāoxìng le!   Gāoxìng jí le!

A 听说你这次考试第一名啊！

Tīngshuō nǐ zhècì kǎoshì dìyīmíng a!

B 真没有想到，我高兴死了！

Zhēn méiyǒu xiǎng dào, wǒ gāoxìng sǐle!

111위 别找借口！

Bié zhǎo jièkǒu!

A 工作太忙了，忘记了你的生日。

Gōng zuò tài máng le, wàng jì le nǐ de shēngrì.

B 别找借口！你就是心里没有我。

Bié zhǎo jièkǒu! Nǐ jiù shì xīnlǐ méiyǒu wǒ.

112위 출중하게 뛰어난 사람 또는 사물에 대해

대단해!

- 걔 또 1등 했어, 정말 대단해!
- 그럼! 그는 IQ150의 천재잖아, 당연히 보통 사람들이랑 다르지.

113위 뜻밖의 기분 좋은 일이 생겼을 때

운이 좋군!

- 복권 당첨됐다며? 운이 좋군!
- 하하, 당첨된 거 처음이야.

114위 아무런 쓸모나 득 될 것이 없을 때

말해봤자 소용없어 시간낭비야!

- 걔 교육 좀 시켜. 아마 네 말은 들을거야.
- 말해봤자 소용없어. 시간낭비야!

112위 厉害！
Lìhai!

=难以置信！　=太强了！
Nányǐzhìxìn!　　　Tài qiáng le!

A 他又得了第一，真的好厉害！
Tā yòu déle dìyī, zhēnde hǎo lìhai!

B 那当然，他可是IQ150的天才啊，当然和普通人不一样。
Nà dāngrán, tā kě shì IQyībǎi wǔshí de tiāncái a, dāngrán hé pǔtōngrén bùyíyàng.

* 智商 zhìshāng：IQ

113위 运气真好啊！
Yùnqi zhēn hǎo a!

A 听说你中奖了？运气真好啊！
Tīngshuō nǐ zhòngjiǎng le? Yùnqi zhēn hǎo a!

B 哈哈，这还是第一次。
Hāhā, zhè háishi dìyīcì.

114위 说了也没用，浪费时间！
Shuō le yě méiyòng, làngfèi shíjiān.

=说了也白说，浪费时间！
Shuō le yě bái shuō, làngfèi shíjiān!

A 你教育教育他。也许他会听你的话。
Nǐ jiàoyù jiaoyu tā. Yěxǔ tā huì tīng nǐ de huà.

B 说了也没用，浪费时间！
Shuō le yě méiyòng, làngfèi shíjiān!

115위 싼 물건은 그만큼 품질도 떨어짐을 비유할 때

싼 게 비지떡이야.

- 신발이 해졌어. 지난주에 샀는데.
- 싼 게 비지떡이야. 다음엔 질 좋은 걸로 사.

116위 옷이 좋아 사람이 돋보일 때

옷이 날개야.

- 이 옷을 입으니 완전히 달라 보이네.
- 옷이 날개야. 나 폼나?

117위 사람한테 홀딱 반하거나 빠져서 정신을 못 차릴 때

그 남자한테 홀딱 반했어.

- 난 그 남자한테 홀딱 반했어.
- 정신 차려, 그사람 이미 결혼했거든.

115위

便宜没好货。

Piányi méi hǎohuò.

A 鞋子破了，我上星期刚买的。
Xiézi pò le, wǒ shàngxīngqī gāng mǎi de.

B 便宜没好货。以后买质量好的。
Piányi méi hǎohuò. Yǐhòu mǎi zhìliàng hǎo de.

116위

人靠衣装马靠鞍。

Rén kào yīzhuāng mǎ kào ān.

A 你穿这衣服完全不一样了。
Nǐ chuān zhè yīfu wánquán bù yíyàng le.

B 人靠衣装马靠鞍。我有气派吗？
Rén kào yīzhuāng mǎ kào ān. Wǒ yǒu qìpài ma?

117위

一下子迷上了那个男人。

Yíxiàzi míshàng le nàge nánrén.

A 我一下子迷上了那个男人。
Wǒ yíxiàzi míshàng le nàge nánrén.

B 别傻了，他已经结婚了。
Bié shǎ le, tā yǐjīng jiéhūn le.

118위 좋아하는 대상의 관심이 기대에 미치지 못해
실망하는 친구에게

일부러 관심 없는 척하는 거겠지!

– 그녀는 나한테 관심이 하나도 없어 보여.
– 일부러 관심 없는 척하는 거겠지!

119위 이상적인 남자 배우자를 찾고 있을 때

아직 이상형을 찾는 중이야.

– 난 아직 이상형을 찾는 중이야.
– 내가 소개해 줄까?

120위 음식이 매우 맛있을 때

맛이 아주 좋아!

– 이거 어떻게 만든 거야? 맛이 아주 좋아!
– 그래? 내 솜씨가 아직 녹슬지는 않았는데.

118위

故意装不感兴趣的吧！
Gùyì zhuāng bùgǎn xìngqù de ba!

A 她看上去对我一点兴趣也没有。
Tā kànshangqù duì wǒ yìdiǎn xìngqù yě méiyǒu.

B 故意装不感兴趣的吧！
Gùyì zhuāng bùgǎn xìngqù de ba!

119위

我还在寻找我的白马王子。
Wǒ háizài xúnzhǎo wǒ de báimǎwángzǐ.

A 我还在寻找我的白马王子。
Wǒ háizài xúnzhǎo wǒ de báimǎwángzǐ.

B 要不要我给你介绍一个？
Yàobuyào wǒ gěi nǐ jièshào yíge?

120위

人间美味！
Rénjiān měiwèi!

=味道太好了！ =味道棒极了！
Wèidao tàihǎo le! Wèidao bàng jíle!

A 这都是怎么做的啊？ 人间美味！
Zhè dōu shì zěnme zuò de a? Rénjiān měiwèi!

B 是吗？ 我的手艺还没生锈呢。
Shì ma? Wǒ de shǒuyì hái méi shēngxiù de.

121위 – 132위

121위	네가 뭐라고 하는지 못 들었어.
122위	나 지금 통화 중이야.
123위	저 그 사람 열혈팬이에요.
124위	그럴리가 없어.
125위	제 버릇 어디 가겠어.
126위	내 말이 그 말이야.
127위	그 사람은 내 이상형 같아.
128위	나 사랑에 빠졌어.
129위	이건 제 성의표시입니다.
130위	어리석게 굴지 마.
131위	기대하지 마.
132위	불편을 끼쳐드려 죄송해요.

121위 – 132위

121위 没听清你说什么。
Méi tīngqīng nǐ shuō shénme.

122위 我在听电话。
Wǒ zài tīng diànhuà.

123위 我可是他的超级粉丝。
Wǒ kě shì tā de chāojí fěnsī.

124위 那是不可能的。
Nà shì bùkěnéng de.

125위 江山易改, 本性难移。
Jiāngshān yì gǎi, běnxìng nán yí.

126위 你说的没错。
Nǐ shuō de méicuò.

127위 我想他是我的真命天子。
Wǒ xiǎng tā shì wǒ de zhēnmìng tiānzǐ.

128위 我恋爱了。
Wǒ liàn'ài le.

129위 这是我的一点小意思。
Zhè shì wǒ de yìdiǎn xiǎoyìsi.

130위 别这么傻了。
Bié zhème shǎ le.

131위 别指望了。
Bié zhǐwàng le.

132위 我给你带来的不便感到抱歉。
Wǒ gěi nǐ dàilái de búbiàn gǎndào bàoqiàn.

121위 상대방의 말소리가 작아 잘 안 들리거나 주변 상황으로 인해 못 들었을 때

네가 뭐라고 하는지 못 들었어.

- 방금 너무 시끄러워서 네가 뭐라고 하는지 못 들었어.
- 그럼 내가 다시 말해줄게, 이번엔 잘 들어.

122위 다른 사람과 통화 중일 때

나 지금 통화 중이야.

- 야! 야! 들려? 나 리치앙이야, 왕위 안에 있어?
- 잠깐만, 나 지금 통화 중이야, 전화 받고 바로 나갈게.

123위 어떤 대상(운동선수, 배우, 가수 등)을 열렬하게 좋아하는 사람

저 그 사람 열혈팬이에요.

- 왕리홍의 콘서트 티켓 사려고 밤새도록 줄 섰다며!
- 그럼요, 너무 너무 좋아하거든요, 저 그 사람 열혈팬이에요.

121위 没听清你说什么。

Méi tīngqīng nǐ shuō shénme.

=没听到你说什么。

Méi tīngdào nǐ shuō shénme.

A 刚才太吵了，我没听清你说什么。
Gāng cái tài chǎo le, wǒ méi tīngqīng nǐ shuō shénme.

B 那我再说一遍，这次好好听。
Nà wǒ zài shuō yíbiàn, zhècì hǎohāo tīng.

122위 我在听电话。

Wǒ zài tīng diànhuà.

=我在打电话。

Wǒ zài dǎ diànhuà.

A 喂？喂？听得见吗？我是李强，王玉你在里面吗？
Wèi? Wèi? Tīngdejiàn ma? Wǒ shi Lǐ Qiáng, Wáng Yù nǐ zài lǐmiàn ma?

B 等会儿，我在听电话，接完电话我就出去。
Děng huìr, wǒ zài tīng diànhuà, jiēwán diànhuà wǒ jiù chūqu.

123위 我可是他的超级粉丝。

Wǒ kě shì tā de chāojí fěnsī.

A 听说你通宵排队去买王力宏的演唱会门票啊？
Tīngshuō nǐ tōngxiāo páiduì qù mǎi Wáng Lì hóng de yǎnchànghuì ménpiào a?

B 那是，我超爱他的，我可是他的超级粉丝。
Nàshì, wǒ chāo ài tā de, wǒ kě shì tā de chāojí fěnsī.

124위 어떤 행동을 다른 사람이 오해해서 사실이 아니라고 강조할 때

그럴리가 없어.

- 선생님께서 이번 회의의 통역은 이강한테 맡기셨는데.
- 그럴리가 없어, 어제 선생님께서 분명히 나보고 하라고 말씀하셨는데.

125위 한번 몸에 밴 나쁜 버릇은 쉽게 고치기가 어렵다는 표현을 할 때

제 버릇 어디 가겠어.

- 그사람 이제는 먹고 살만 한데 아직도 도둑질하는 버릇을 못 고쳤어.
- 그러게! 제 버릇 어디 가겠어.

126위 내가 하고 싶었던 말을 남이 해 그 말에 동의할 때

내 말이 그 말이야.

- 우리 며칠 쉬어야지, 벌써 한달째 야근 했잖아.
- 내 말이 그 말이야, 우리 사장님 너무 하는 거 아니야.

124위 那是不可能的。
Nàshì bùkěnéng de.

=没有这样的事儿。
Méiyǒu zhèyàng de shìr.

=不可能有这样的事儿。
Bùkěnéng yǒu zhèyàng de shìr.

A 老师把这次会议的翻译交给李强做了。
Lǎoshī bǎ zhècì huìyì de fānyì jiāogěi Lǐ Qiáng zuò le.

B 那是不可能的，昨天老师明明说让我做的。
Nà shì bùkěnéng de, zuótiān lǎoshī míngmíng shuō ràngwǒ zuò de.

125위 江山易改，本性难移。
Jiāngshān yì gǎi, běnxìng nán yí.

=狗改不了吃屎。
Gǒu gǎibuliǎo chīshǐ.

A 他现在虽然生活还可以，但还改不了盗窃的行为。
Tā xiànzài suīrán shēnghuó hái kěyǐ, dàn hái gǎibuliǎo dàoqiè de xíngwéi.

B 就是呀！江山易改，本性难移。
Jiùshì ya! Jiāngshān yì gǎi, běnxìng nán yí.

126위 你说的没错。
Nǐ shuō de méicuò.

=我要说的就是这个啊。
Wǒ yào shuō de jiùshì zhège a.

=你说的对极了。
Nǐ shuō de duì jíle.

A 我觉得我们该休息几天了，都已经加了一个月的夜班了。
Wǒ juéde wǒmen gāi xiūxi jǐtiān le, dōu yǐjīng jiā le yíge yuè de yèbān le.

B 你说的没错，我们经理太过分了。
Nǐ shuō de méicuò! Wǒmen jīnglǐ tài guòfèn le.

127위 꿈에 그리던 좋아하는 남자를 만났을 때

그 사람은 내 이상형 같아.

– 이 날을 기다렸어, 그 사람은 내 이상형 같아요.
– 그래? 보기에도 잘 어울리는 것 같아.

128위 연애에 정신이 아주 쏠리어 헤어나지 못할 때

나 사랑에 빠졌어.

– 나 사랑에 빠졌어, 지금 너무 행복해.
– 와! 누가 땡잡은거야, 내가 아는 사람이야?

129위 감사나 존경 등의 마음을 작게나마 표현하면서

이건 제 성의표시입니다.

– 이건 제 성의표시입니다. 꼭 받아주세요.
– 받기 쑥스러운데, 고마워요.

127위 我想他是我的真命天子。

Wǒ xiǎng tā shì wǒ de zhēnmìng tiānzǐ.

=我想他是我的Mr.Right。

Wǒ xiǎng tā shì wǒ de Mr.Right.

A 我等到这一天了，我想他是我的真命天子。
Wǒ děngdào zhèyìtiān le, Wǒ xiǎng tā shì wǒ de zhēnmíng tiānzǐ.

B 是吗？你们看上去很配啊。
Shì ma? Nǐmen kànshangqu hěn pèi a.

128위 我恋爱了。

Wǒ liàn'ài le.

A 我恋爱了。现在觉得超幸福的。
Wǒ liàn'ài le.Xiànzài juéde chāo xìngfú de.

B 哇，是谁这么好运啊，我认识嘛？
Wā, shì shuí zhème hǎoyùn a, wǒ rènshi ma?

129위 这是我的一点小意思。

Zhèshì wǒ de yìdiǎn xiǎoyisi.

A 这是我的一点小意思，请你收下。
Zhè shì wǒ de yìdiǎn xiǎoyisi, qǐng nǐ shōuxià.

B 那多不好意思，先谢谢啦。
Nà duō bùhǎoyìsi, xiān xièxie la.

130위 어떤 이의 행동이나 말 따위가 슬기롭지 못하고 어리석을 때

어리석게 굴지 마.

– 어리석게 굴지 마, 걔가 널 좋아한다고 생각해?
– 에휴, 그래도 어쩔 수 없어, 난 그를 사랑하니까.

131위 실현 가능성이 적은 어떤 일이 이루어지기를 바라고 기다릴 때

기대하지 마.

– 왕찌엔이 밥 사줄 때까지 기다리는 거야?
  걔 구두쇠야, 기대하지 마.
– 정말 그렇구나, 다들 다 그렇게 말하던데, 처음엔 안 믿었지.

132위 자신으로 인해 상대방에게 불편을 끼칠 때

불편을 끼쳐드려 죄송해요.

– 너무 미안해요, 불편을 끼쳐드려 죄송해요.
– 괜찮아, 난 네 처지를 이해해.

130위 别这么傻了。

Bié zhème shǎ le.

A 别这么傻了，你以为他喜欢你啊？
Bié zhème shǎ le, nǐ yǐwéi tā xǐhuan nǐ a?

B 唉，那也没办法，我真的很爱他。
Āi, nà yě méi bànfǎ, wǒ zhēnde hěn ài tā.

131위 别指望了。

Bié zhǐwàng le.

=别抱什么希望。　=别抱希望。
Bié bào shénme xīwàng.　Bié bào xīwàng.

A 你还等着王坚请你吃饭？他是铁公鸡，别指望了。
Nǐ hái děngzhe Wáng Jiān qǐngnǐ chīfàn? Tāshì tiěgōngjī, bié zhǐwàng le.

B 原来真的是这样，大家都这么说，一开始我还不
相信呢。 Yuánlái zhēnde shì zhèyàng, dàjiā dōu zhème shuō, yì kāishǐ
wǒ hái bù xiāngxìn ne.

132위 我给你带来的不便感到抱歉。

Wǒ gěi nǐ dàilái de búbiàn gǎndào bàoqiàn.

=给您添麻烦了，很抱歉。
Gěi nín tián máfan le, hěn bàoqiàn.

A 我感到十分不好意思，我给你带来的不便感到抱歉。
Wǒ gǎndào shífēn bùhǎo yìsi, wǒ gěi nǐ dàilái de búbiàn gǎndào bàoqiàn.

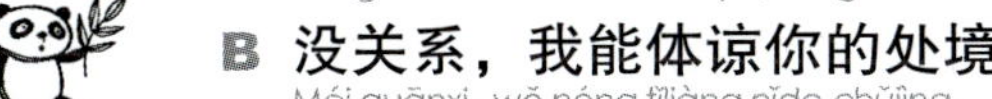

B 没关系，我能体谅你的处境。
Méi guānxi, wǒ néng tǐliàng nǐde chǔjìng.

133위 – 144위

133위	이건 내 스타일이 아니야.
134위	걔 그냥 튕겨보는 거야.
135위	걔 생각하면 지금도 가슴이 아퍼.
136위	그걸 꼭 말로 해야 되니?
137위	이런 일 난 못하겠어.
138위	이런 일에 아무 도움도 안되잖아!
139위	한 입만 먹어도 돼?
140위	맛이 갔어.
141위	감기 기운이 좀 있어.
142위	목이 쉬었어.
143위	체중조절 좀 해야 겠어.
144위	어디서 많이 뵌 것 같은데요.

133위 – 144위

133위 这不是我风格。
Zhè bú shì wǒ fēnggé.

134위 她只是在吊你胃口。
Tā zhǐshì zài diào nǐ wèikǒu.

135위 当我想起他的时候，现在还觉得受伤。
Dāng wǒ xiǎngqǐ tā deshíhou, xiànzài hái juéde shòushāng.

136위 一定要我说明白吗？
Yídìng yàowǒ shuō míngbai ma?

137위 我干不了。
Wǒ gànbuliǎo.

138위 这样的忙，你们帮不了嘛！
Zhèyàng de máng, nǐmen bāngbuliǎo ma!

139위 我能吃一口吗？
Wǒ néng chī yìkǒu ma?

140위 跑味儿了。
Pǎo wèir le.

141위 我有点感冒了。
Wǒ yǒudiǎn gǎnmào le.

142위 我嗓子哑了。
Wǒ sǎngzi yǎ le.

143위 我需要减肥。
Wǒ xūyào jiǎnféi.

144위 你看上去好眼熟啊。
Nǐ kànshangqu hǎo yǎnshú a.

133위 자신이 추구하는 스타일이 아닐 때

이건 내 스타일이 아니야.

- 나보고 양복을 입으라고? 정말 어색해, 이건 내 스타일이 아니야.
- 근데 이런 곳에서는 양복을 꼭 입어야 돼.

134위 친구가 좋아하는 사람의 마음을 얻지 못해 상심하고 있을 때

걔 그냥 튕겨보는 거야.

- 내가 소라를 쫓아 다닌지 두달이나 됐는데, 여전히 쌀쌀맞아.
- 걔 그냥 튕겨보는 거야.

135위 과거 인연이 있었던 사람으로 인해 마음이 아플 때

걔 생각하면 지금도 가슴이 아퍼.

- 걔 생각하면 지금도 가슴이 아퍼.
- 너도 참 미련하다, 그럴 필요 없어, 지난 상처에서 빠져 나와야 돼.

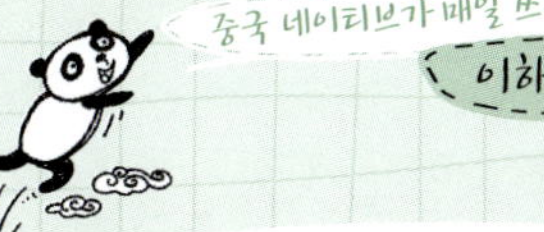

133위 这不是我风格。

Zhè búshì wǒ fēnggé.

A 让我穿西服？真别扭，这不是我风格。
Ràng wǒ chuān xīfú? Zhēn bièniu, zhè búshì wǒ fēnggé.

B 可是这样的场合必须得穿西服。
Kěshì zhèyàng de chǎnghé bìxū děi chuān xīfú.

134위 她只是在吊你胃口。

Tā zhǐshì zài diào nǐ wèikǒu.

A 我追素罗两个月了，她还是很冷淡。
Wǒ zhuī SùLuó liǎngge yuè le, tā háishi hěn lěngdàn.

B 她只是在吊你胃口。
Tā zhǐshì zài diào nǐ wèikǒu.

135위 当我想起他的时候，
现在还觉得受伤。

Dāng wǒ xiǎngqǐ tā deshíhou, xiànzài hái juéde shòushāng.

=当我想起他的时候，心里还是会隐隐作痛。
Dāng wǒ xiǎngqǐ tā deshíhou, xīnli háishi huì yǐnyǐnzuòtòng.

A 当我想起他的时候，现在还觉得受伤。
Dāng wǒ xiǎngqǐ tā deshíhou, xiànzài hái juéde shòushāng.

B 你也太痴情了，没必要啊，你得从以前的感情
创伤中走出来。 *Nǐ yě tài chīqíng le, méi bìyào a, nǐ děi cóng yǐqián de gǎnqíng chuāngshāng zhōng zǒuchūlai.*

136위 굳이 설명하지 않아도 자신의 의도를 알아주기 바랄 때

그걸 꼭 말로 해야 되니?

- 너 정말 하나도 몰라? 그걸 꼭 말로 해야되니?
- 뜸들이지 말고 말하라면 해.

137위 자신이 감당하기 어려운 어떤 일을 해야 할 때

이런 일 난 못하겠어.

- 난 정말 미치겠어, 이런 일 난 못하겠어.
- 걱정마, 너하고 나 말고는 아무도 몰라. 우리가 뭐 나쁜 짓
  하는 것도 아니잖아.

138위 상대방을 신임하지 못하고 무시하는 표현

이런 일에 아무 도움도 안되잖아!

- 너희들은 저리 가 있어, 이런 일에 아무 도움도 안되잖아!
- 왜 사람을 무시하고 그래? 오늘 너희들 좀 혼나볼래.

136위 一定要我说明白吗？

Yídìng yàowǒ shuō míngbai ma?

A 你真的就一点也不知道？ 一定要我说明白吗？
Nǐ zhēnde jiù yìdiǎn yě bù zhīdào? Yídìng yào wǒ shuō míngbai ma?

B 别卖关子，让你说就说啊。
Bié mài guānzi, ràng nǐ shuō jiù shuō a.

137위 我干不了。

Wǒ gànbuliǎo.

A 我快抓狂了，这种事情，我干不了。
Wǒ kuài zhuākuáng le, zhèzhǒng shìqing, wǒ gànbuliǎo.

B 别担心，除了你我，没人会知道，我们也不是干什么坏事儿啊。 Bié dānxīn, chúle nǐ wǒ, méirén huì zhīdao, wǒmen yě búshì gàn shénme huàishir a.

138위 这样的忙, 你们帮不了嘛！

Zhè yàng de máng, nǐmen bāngbùliǎo ma!

A 你们一边待着去吧，这样的忙, 你们帮不了嘛！
Nǐmen yìbiān dāizhe qù ba, zhèyàng de máng, nǐmen bāngbùliǎo ma!

B 怎么这么小瞧人呢？ 今天就让你看看我们的本事。
Zěnme zhème xiǎoqiáo rén ne? Jīntiān jiùràng nǐ kànkan wǒmen de běnshi.

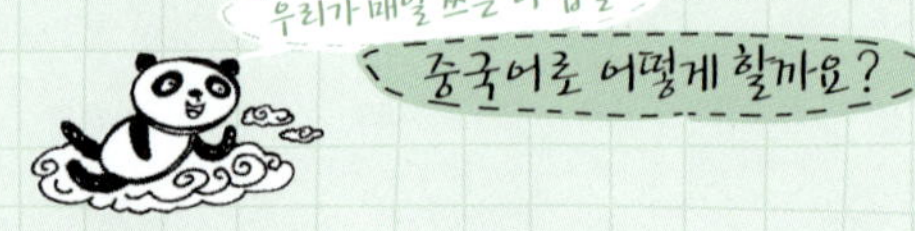

139위 배가 고프거나 맛있는 음식을 보고 식욕이 돌았을 때

한 입만 먹어도 돼?

– 엄마, 배고파 죽겠어, 한 입만 먹어도 돼?
– 안돼. 손님들 오시면 먹는다.

140위 음식 따위가 제 맛이 나지 않고 몹시 싱거울 때

맛이 갔어.

– 엄마, 방금 마신 우유 맛이 간 것 같아요.
– 마시지 마, 그거 유통기한이 한참 지난거야.

141위 감기에 걸린 것처럼 몸이 안 좋을 때

감기 기운이 좀 있어.

– 아침에 왜 학교에 안 왔어?
– 감기 기운이 좀 있어서 집에서 쉬었어.

139위 我能吃一口吗？

Wǒ néng chī yìkǒu ma?

=我能尝一口吗？

Wǒ néng cháng yìkǒu ma?

A 妈妈，我饿得不行了，我能吃一口吗？
Māma, wǒ è de bùxíng le, wǒ néng chī yìkǒu ma?

B 不行，要等客人都到齐才能开饭。
Bùxíng, yào děng kèrén dōu dàoqí cáinéng kāifàn.

140위 跑味儿了。

Pǎo wèir le.

A 妈，我刚才喝的牛奶好像跑味儿了。
Mā, wǒ gāngcái hē de niúnǎi hǎoxiàng pǎo wèir le.

B 不要喝了，那已经过期好几天了。
Búyào hēle, nà yǐjing guòqī hǎojǐtiān le.

141위 我有点感冒了。

Wǒ yǒudiǎn gǎnmào le.

A 你早上怎么没来上课？
Nǐ zǎoshang zěnme méi lái shàngkè?

B 我有点感冒了，在家休息。
Wǒ yǒudiǎn gǎnmào le, zài jiā xiūxi.

142위 목청에 탈이 나서 목소리가 거칠고 맑지 않게 되었을 때

목이 쉬었어.

- 오늘 하루 종일 강의했더니 목이 쉬었어.
- 선생님이란 게 쉽지는 않아.

143위 다이어트를 해야겠다고 말하면서

체중조절 좀 해야겠어.

- 난 결혼한 후에 살이 많이 쪘어, 체중조절 좀 해야겠어.
- 아니야, 지금도 괜찮은데.

144위 어딘가에서 본 적이 있는 것 같을 때

어디서 많이 뵌 것 같은데요.

- 어디서 많이 뵌 것 같은데, 혹시 우리 전에 여기서 만난 적이 있나요?
- 아니요, 전 여기 처음 왔어요.

142위 我嗓子哑了。

Wǒ sǎngzi yǎ le.

A 我今天讲了一天课，嗓子哑了。
Wǒ jīntiān jiǎng le yìtiān kè, sǎngzi yǎ le.

B 做老师不容易啊。
Zuò lǎoshī bùróngyì a.

143위 我需要减肥。

Wǒ xūyào jiǎnféi.

A 我结婚以后胖了好多啊，我需要减肥。
Wǒ jiéhūn yǐhòu pàng le hǎoduō a, wǒ xūyào jiǎnféi.

B 不会啊，你现在看上去很不错。
Búhuì a, nǐ xiànzài kànshangqù hěn búcuò.

144위 你看上去好眼熟啊。

Nǐ kànshangqù hǎo yǎnshú a.

A 你看上去好眼熟啊，我们以前是不是在这儿见过？
Nǐ kànshangqù hǎo yǎnshú a, wǒmen yǐqián shìbushì zài zhèr jiànguo?

B 不会吧，我第一次来这里。
Búhuì ba, wǒ dìyīcì lái zhèli.

145위 - 156위

145위	그동안 하나도 안 변했구나.
146위	다음에 한번 뭉치자.
147위	함께 해서 정말 즐거웠어요.
148위	넌 인간 쓰레기야!
149위	어떻게 감사를 드려야 할지 정말 모르겠네요.
150위	프러포즈 할거니?
151위	내 컴퓨터가 다운됐어.
152위	그동안 고마웠어.
153위	말을 빙빙 돌리지 마!
154위	너 왜 이렇게 겁이 많아!
155위	늘 그런 식이지.
156위	밤새 이리저리 뒤척였어.

145위 – 156위

145위 你一点都没变啊。
Nǐ yìdiǎn dōu méibiàn a.

146위 下次找机会出来聚聚吧。
Xiàcì zhǎo jīhuì chūlai jùju ba.

147위 与你合作得真的很愉快。
Yǔ nǐ hézuò de zhēnde hěn yúkuài.

148위 你这垃圾!
Nǐ zhè lājī.

149위 我真的不知道该怎么感谢你。
Wǒ zhēnde bù zhīdào gāi zěnme gǎnxiè nǐ.

150위 你准备去求婚?
Nǐ zhǔnbèi qù qiúhūn.

151위 我的电脑系统瘫痪了。
Wǒ de diànnǎo xìtǒng tānhuàn le.

152위 这段时间真是谢谢你。
Zhèduàn shíjiān zhēnshì xièxie nǐ.

153위 别拐弯抹角的!
Bié guǎiwānmòjiǎo de!

154위 你怎么这么胆小!
Nǐ zěnme zhème dǎnxiǎo!

155위 总是这样。
Zǒngshì zhèyàng.

156위 整晚上翻来覆去睡不着。
Zhěng wǎnshang fānláifùqù shuìbuzháo.

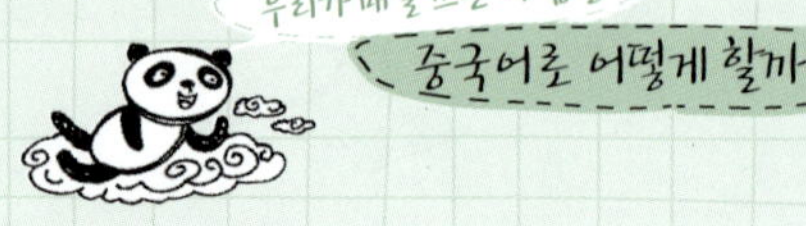

145위 오랜만에 만난 사람의 모습이 큰 변화없이 옛모습 그대로 일 때

그동안 하나도 안 변했구나.

- 오랜만이다, 그동안 하나도 안 변했구나.
- 그래? 나 많이 늙었어, 얼굴에 주름이 얼마나 많아졌는데.

146위 오랫동안 만나지 못한 친구들에게 만남을 청할 때

다음에 한번 뭉치자.

- 다들 오랜만이다. 다음에 한번 뭉치자.
- 좋아, 내일 저녁 퇴근한 후에 어때? 나가서 한 잔 하자.

147위 공동으로 어떠한 업무를 성공리에 마쳐 마음이 흐뭇하고 기쁠 때

함께 해서 정말 즐거웠어요.

- 한달 동안 함께 노력한 끝에 드디어 결과를 봤네요.
- 그래요, 함께 해서 정말 즐거웠어요.

145위 你一点都没变啊。

Nǐ yìdiǎn dōu méibiàn a.

A 这么久不见你，你一点都没变啊。
Zhème jiǔ bú jiàn nǐ, nǐ yìdiǎn dōu méibiàn a.

B 是吗？我老多了，我脸上多了好多皱纹啊。
Shì ma? wǒ lǎoduō le, wǒ liǎnshang duōle hǎoduō zhòuwén a.

146위 下次找机会出来聚聚吧。

Xiàcì zhǎo jīhuì chūlai jùju ba.

A 好久不见大家了，下次找机会出来聚聚吧。
Hǎojiǔ bújiàn dàjiā le, xiàcì zhǎo jīhuì chūlai jùju ba.

B 好啊，明晚下班以后吧，出去喝一杯。
Hǎo a, míngwǎn xiàbān yǐhòu ba, chūqu hē yìbēi.

147위 与你合作得真的很愉快。

Yǔ nǐ hézuò de zhēnde hěn yúkuài.

A 经过一个月的合作，我们终于完成了。
Jīngguò yíge yuè de hézuò, wǒmen zhōngyú wánchéng le.

B 是啊，与你合作得真的很愉快。
Shì a, yǔ nǐ hézuò de zhēnde hěn yúkuài.

143

148위 아무 쓸모도 없는 사람을 속되게 이를 때

넌 인간 쓰레기야!

– 넌 인간 쓰레기야, 허구헛날 술만 퍼마시고.
– 신경 끄셔! 거참 잔소리 많네.

149위 감사의 마음을 말로 표현하기 어려울 때

어떻게 감사를 드려야 할지 정말 모르겠네요.

– 어떻게 감사를 드려야 할지 정말 모르겠네요.
– 그런 말씀 마세요, 제가 해야 할 일인걸요.

150위 좋아하는 대상에게 프러포즈를 할지 물을 때

프러포즈 할 거니?

– 뭐? 프러포즈 할 거니?
– 그래, 비록 안지 3개월 밖에 안됐지만, 충분하다고 생각해.

148위

你这垃圾!
Nǐ zhè lājī!

A 你这垃圾，每天只知道喝酒。
Nǐ zhè lājī, měitiān zhǐ zhīdao hējiǔ.

B 要你管，你真啰嗦。
Yào nǐ guǎn, nǐ zhēn luōsuo.

149위

我真的不知道该怎么感谢你。
Wǒ zhēnde bù zhīdào gāi zěnme gǎnxiè nǐ.

A 我真的不知道该怎么感谢你。
Wǒ zhēnde bù zhīdào gāi zěnme gǎnxiè nǐ.

B 你别这么说，这是我该做的。
Nǐ bié zhème shuō, zhè shì wǒ gāi zuò de.

150위

你准备去求婚?
Nǐ zhǔnbèi qù qiúhūn.

A 什么? 你准备去求婚?
Shénme? Nǐ zhǔnbèi qù qiúhūn?

B 是啊，虽然只认识她三个月，但是我觉得足够了。
Shì a, suīrán zhǐ rènshi tā sānge yuè, dànshì wǒ juéde zúgòu le.

151위 컴퓨터가 작동되지 않을 때

내 컴퓨터가 다운됐어.

– 내 컴퓨터가 다운됐어, arp바이러스에 감염된 것 같아.
– 요즘 컴퓨터 바이러스가 극성이더라.

152위 일정 기간 동안 도움을 준 것에 대해 감사함을 표현할 때

그동안 고마웠어.

– 이번 일에 네가 정말 큰 도움이 됐어, 그동안 고마웠어.
– 별 것 아니야, 다음에도 그런 일이 있으면 주저하지 말고
  나한테 전화해.

153위 상대방이 말을 답답하게 돌려 말할 때

말 빙빙 돌리지 마!

– 말 빙빙 돌리지 마! 할 말 있으면 직접 해!
– 좋아, 그럼 직접 말할게, 듣고 나서 화내지 마.

151위

我的电脑系统瘫痪了。

Wǒ de diànnǎo xìtǒng tānhuàn le.

A 我的电脑系统瘫痪了。 好像中了arp病毒。
Wǒ de diànnǎo xìtǒng tānhuàn le. Hǎoxiàng zhòng le arp bìngdú.

B 近段时间网络病毒真猖獗啊。
Zhèduàn shíjiān wǎngluò bìngdú zhēn chāngjué a.

152위

这段时间真是谢谢你。

Zhèduàn shíjiān zhēnshì xièxie nǐ.

A 这次你可是帮了大忙，这段时间真是谢谢你。
Zhècì nǐ kěshì bāng le dàmáng, zhèduàn shíjiān zhēnshì xièxie nǐ.

B 这不算什么啊，下次如果再遇到这样的事情，
别犹豫打电话给我啊。 Zhè búsuàn shénme a, xiàcì rúguǒ zài
yùdào zhèyàng de shìqing, bié yóuyù dǎ diànhuà gěi wǒ a.

153위

别拐弯抹角的！

Bié guǎiwānmòjiǎo de!

A 别拐弯抹角的！ 有什么话就直说。
Bié guǎiwānmòjiǎo de! Yǒu shénme huà jiù zhíshuō.

B 好吧，那我直说了，你听了可别生气。
Hǎo ba, nà wǒ zhíshuō le. Nǐ tīngle kěbié shēngqì.

154위 지나치게 겁이 많을 때

너 왜 이렇게 겁이 많아!

– 샤오리, 일어나봐, 화장실 같이 가자, 어둠이 무서워.
– 너 왜 이렇게 겁이 많아!

155위 평소에 늘 잘 하는 일이 없이 방해가 되는 사람에게

늘 그런 식이지.

– 걔가 또 일을 망쳤어, 한번도 열심히 일해 본 적이 없다니까.
– 늘 그런 식이지. 사장 아들이잖아, 참아.

156위 밤새도록 편안하게 잠을 자기 못했을 때

밤새 이리저리 뒤척였어.

– 밤새 이리저리 뒤척였어. 아침에 일어나려니까 머리가 어지러워.
– 왜? 자기 전에 커피를 너무 많이 마신 거 아니야?

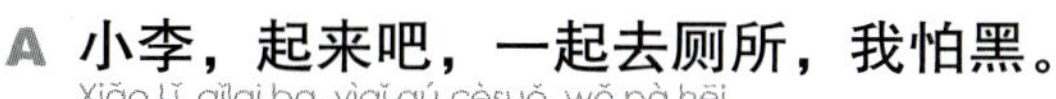

154위 你怎么这么胆小！
Nǐ zěnme zhème dǎnxiǎo!

=你的胆子怎么这么小！
Nǐ de dǎnzi zěnme zhème xiǎo!

A 小李，起来吧，一起去厕所，我怕黑。
Xiǎo Lǐ, qǐlai ba, yìqǐ qú cèsuǒ, wǒ pà hēi.

B 你怎么这么胆小！
Nǐ zěnme zhème dǎnxiǎo!

155위 总是这样。
Zǒngshì zhèyàng.

=总是这个样子。
Zǒngshì zhège yàngzi.

A 他又做错了，他做事从来没认真过。
Tā yòu zuòcuò le, tā zuòshì cónglái méi rènzhēnguo.

B 总是这样。他是老板的儿子嘛，忍着吧。
Zǒngshì zhèyàng. Tā shì lǎobǎn de érzi ma, rěnzhe ba.

156위 整晚上翻来覆去睡不着。
Zhěng wǎnshang fānláifùqù shuì buzháo.

=一晚上翻来覆去睡不着。
Yì wǎnshang fānláifùqù shuì buzháo.

A 我整晚上翻来覆去睡不着。早上起来头很晕。
Wǒ zhěng wǎnshang fānláifùqù shuì buzháo. Zǎoshang qǐlai tóu hěn yūn.

B 怎么了？是不是睡前喝太多咖啡了？
Zěnmele? Shìbushì shuì qián hē tàiduō kāfēi le?

157위 - 168위

157위 그만두지 못해!

158위 그는 밥통이야.

159위 쓸데없는 말 집어 치워!

160위 결코 고의가 아니었어.

161위 무서워 죽을 뻔 했어.

162위 마음만 먹으면 뭐든지 할 수 있어.

163위 입장을 바꿔서 생각해 봐.

164위 내 성질 건드리지 마.

165위 이보다 더 좋을 순 없네요.

166위 내가 그렇게 만만하게 보여?

167위 저 사람 왜 저래?

168위 걔 원래 그런 애야.

157위 – 168위

157위
住手！
Zhùshǒu!

158위
他是个饭桶。
Tā shì ge fàntǒng.

159위
少说废话！
Shǎo shuō fèihuà!

160위
我并不是故意这样的。
Wǒ bìng búshì gùyì zhèyàng de.

161위
我差点被吓死。
Wǒ chàdiǎn bèi xiàsǐ.

162위
只要下决心什么都可以的。
Zhǐyào xià juéxīn shénme dōu kěyǐ de.

163위
你站在我的立场上看看。
Nǐ zhànzài wǒ de lìchǎngshàng kànkan.

164위
不要惹我。
Búyào rě wǒ.

165위
不能再好了。
Bùnéng zài hǎo le.

166위
我看上去很好欺负吗？
Wǒ kànshangqù hěn hǎo qīfu ma?

167위
他这人什么毛病？
Tā zhè rén shénme máobìng?

168위
他就是这样的人。
Tā jiù shì zhèyàng de rén.

157위 어떠한 동작을 강력하게 그만 두도록 요구할 때

그만두지 못해!

- 그만두지 못해! 어떻게 여자를 때릴 수 있어?
- 내 마누라야, 넌 빠져!

158위 하는 일 없이 하루하루를 지내는 무능한 사람

그는 밥통이야.

- 유학도 갔다온 사람이 왜 그렇게 능력이 없어?
- 그는 밥통이야. 아무것도 할 줄 모르면서 입만 살았어.

159위 소용없는 말을 듣기 싫을 때

쓸데없는 말 집어치워!

- 쓸데없는 말 집어치워! 도대체 무슨 말을 하고 싶은 거야?
- 나한테 관심이 없는 것 같아, 우리 헤어지자.

157위

住手！
Zhùshǒu!

A 住手！ 你怎么可以打女人呢？
Zhùshǒu! Nǐ zěnme kěyǐ dǎ nǚrén ne?

B 这是我老婆，要你管？
Zhè shì wǒ lǎopo, yào nǐ guǎn?

158위

他是个饭桶。
Tā shì ge fàntǒng.

A 听说他留过学，可他怎么这么没能力呢？
Tīngshuō tā liúguo xué, kě tā zěnme zhème méi nénglì ne?

B 他是个饭桶，耍嘴皮子。
Tā shì ge fàntǒng, shuǎ zuǐpízi.

159위

少说废话！
Shǎo shuō fèihuà.

=废话少说！
Fèihuà shǎo shuō!

A 少说废话！ 你到底想说什么啊？
Shǎo shuō fèihuà! Nǐ dàodǐ xiǎng shuō shénme a?

B 我觉得你已经不在乎我了，我们分手吧。
Wǒ juéde nǐ yǐjing bú zàihu wǒ le, wǒmen fēnshǒu ba.

160위 일부러 하지 않았다고 말할 때

결코 고의가 아니었어.

- 아침에 일부러 그런 거야? 나 정말 상처 받았어.
- 결코 고의가 아니었어. 생각없이 나온 말이야.

161위 극한 공포상황을 겪었을 때

무서워 죽을 뻔 했어.

- 어젯밤 천둥이 정말 크게 쳐서 무서워 죽을 뻔 했어.
- 그래? 잠을 깊게 자느라 못들었어.

162위 낙담한 자신이나 상대에게 용기를 북돋울 때

마음만 먹으면 뭐든지
할 수 있어.

- 난 늘 실패만 했지 지금까지 성공해 본 적이 없어.
- 실망하지 마, 마음만 먹으면 뭐든지 할 수 있어.

160위 我并不是故意这样的。

Wǒ bìng búshì gùyì zhèyàng de.

A 你早上是故意针对我吗？你太伤我心了。
Nǐ zǎoshang shì gùyì zhēnduì wǒ ma? Nǐ tài shāng wǒ xīn le.

B 我并不是故意这样的，只是随口说的。
Wǒ bìng búshì gùyì zhèyàng de, zhǐshì suíkǒu shuō de.

161위 我差点儿被吓死。

Wǒ chàdiǎnr bèi xiàsǐ.

A 昨天晚上打雷打得真响啊！我差点儿被吓死。
Zuótiān wǎnshàng dǎléi dǎ de zhēn xiǎng a! Wǒ chàdiǎnr bèi xiàsǐ.

B 是吗？我睡得很熟，没听见。
Shì ma? Wǒ shuì de hěn shú, méi tīngjiàn.

162위 只要下决心什么都可以的。

Zhǐyào xià juéxīn shénme dōu kěyǐ de.

A 我总是失败，从来没成功过。
Wǒ zǒngshì shībài, cónglái méi chénggōngguo.

B 别灰心，只要下决心什么都可以的。
Bié huīxīn, zhǐyào xià juéxīn shénme dōu kěyǐ de.

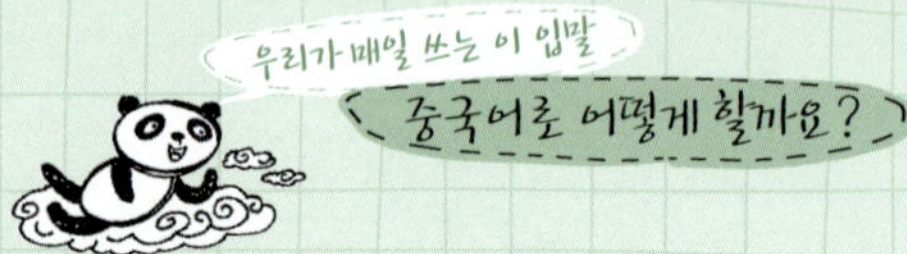

163위 남이 자신의 처지나 생각 등을 이해하지 못할 때

입장을 바꿔서 생각해 봐.

– 선택을 내리는 게 그렇게 어렵니?
  그렇게 골치아파할 필요는 없을 것 같은데.
– 입장을 바꿔서 생각해 봐.

164위 불편한 심기로 인해 상대방에게 경고할 때

내 성질 건드리지 마.

– 왜 그래? 하루 종일 화난 얼굴이야.
– 내 성질 건드리지 마, 나 지금 기분이 무지무지 나쁘거든.

165위 매우 만족스러운 결과 또는 결과물을 보고

이보다 더 좋을 순 없네요.

– 손님, 이렇게 짠 스케줄 마음에 드세요?
– 네, 이보다 더 좋을 순 없겠네요. 여기 서비스가 아주 마음에 드네요.

163위 你站在我的立场上看看。
Nǐ zhànzài wǒ de lìchǎng shàng kànkan.

=你站在我立场上想想。
nǐ zhànzài wǒde lìchǎng shàng xiǎngxiang.

A 你做个选择这么难吗？我觉得你完全不用这么烦。
Nǐ zuò ge xuǎnzé zhème nán ma? Wǒ juéde nǐ wánquán búyòng zhème fán.

B 你站在我的立场上看看。
Nǐ zhànzài wǒ de lìchǎng shàng kànkan.

164위 不要惹我。
Búyào rě wǒ.

=别惹我。
Bié rě wǒ.

A 你怎么了？整天拉长个脸。
Nǐ zěnme le? Zhěngtiān lā cháng ge liǎn.

B 不要惹我，我现在超不爽的。
Búyào rě wǒ, wǒ xiànzài chāo bùshuǎng de.

165위 不能再好了。
Bùnéng zài hǎo le.

A 先生，这样的日程安排你满意吗？
Xiānsheng, zhèyàng de rìchéng ānpái nǐ mǎnyì ma?

B 嗯，不能再好了。你们的服务我很满意。
Ń, bùnéng zàihǎo le. Nǐmen de fúwù wǒ hěn mǎnyì.

166위 남들이 자신을 쉽게 대할 때

내가 그렇게 만만하게 보여?

- 왜 다들 나한테 이래라 저래라 하는 거야? 내가 그렇게 만만하게 보여?
- 아니야, 그런 적 없어.

167위 어떤 사람의 됨됨이가 올바르지 못할 때

저 사람 왜 저래?

- 저 사람 왜 저래? 오늘 아무 이유없이 나한테 화를 내잖아.
- 어제 카드 하더니 돈을 많이 잃은 것 같아.

168위 어떤 사람의 행동 등이 만족스럽지 못할 때

걔 원래 그런 애야.

- 저 남자 정말 싫어, 늘 사소한 일에 목숨 건다니까.
- 걔 원래 그런 애야, 그래서 아직도 여자친구가 없잖아.

166위 我看上去很好欺负吗？

Wǒ kànshangqù hěnhǎo qīfu ma?

=我看上去很弱吗？

Wǒ kànshangqù hěn ruò ma?

A 为什么每个人都对我指手画脚？ 我看上去很好欺负吗？
Wèi shénme měigerén dōu duì wǒ zhǐshǒuhuàjiǎo? Wǒ kànshangqù hěnhǎo qīfu ma?

B 不是的，没有这回事儿。
Búshì de, méiyǒu zhèhuí shir.

167위 他这人什么毛病？

Tā zhè rén shénme máobìng?

A 他这人什么毛病？ 今天莫名其妙朝我发脾气。
Tā zhè rén shénme máobìng? Jīntiān mòmíngqímiào cháo wǒ fā píqi.

B 估计昨天打牌输了很多钱。
Gūjì zuótiān dǎpái shū le hěnduō qián.

168위 他就是这样的人。

Tā jiù shì zhèyàng de rén.

A 那个男人太讨厌了，总是斤斤计较。
Nàge nánrén tài tǎoyàn le, zǒngshì jīnjīnjìjiào.

B 他就是这样的人，所以还找不到女朋友。
Tā jiùshì zhèyàng de rén, suǒyǐ hái zhǎobudào nǚpéngyou.

169위 – 180위

169위 저 애는 내가 찍었어.

170위 내 입장도 정말 난처해.

171위 내 일은 내가 알아서 할 거야.

172위 누가 네 성격을 받아주겠니?

173위 그래서? 내가 어떻게 하길 바라니?

174위 사랑이 식었어.

175위 타고 난 거야.

176위 나잇값 좀 해!

177위 너 완전히 딴 사람 됐다.

178위 오늘 정말 정신없이 바빴어.

179위 저도 같은 걸로 주세요.

180위 남은 음식 싸 주시겠어요?

169위 – 180위

169위 那个男孩是我的了。
Nàge nánhái shì wǒ de le.

170위 我的处境也很难。
Wǒ de chǔjìng yě hěn nán.

171위 我的事情我自己会处理。
Wǒ de shìqing wǒ zìjǐ huì chǔlǐ.

172위 谁能忍受你的态度？
Shéi néng rěnshòu nǐ de tàidu?

173위 所以呢？你想让我怎么做？
Suǒyǐ ne? Nǐ xiǎng ràng wǒ zěnme zuò?

174위 我们已经没有爱了。
Wǒmen yǐjing méiyǒu ài le.

175위 我是天生的。
Wǒ shì tiānshēng de.

176위 别孩子气！
Bié háiziqì!

177위 你真的变成另一个人了。
Nǐ zhēnde biànchéng lìngyíge rén le.

178위 今天我真的是忙死了。
Jīntiān wǒ zhēnde shì mángsǐ le.

179위 我也一样。
Wǒ yě yíyàng.

180위 剩下的能帮我打包吗？
Shèngxià de néng bāng wǒ dǎbāo ma?

169위 친구나 동료에게 자신이 맘에 담아둔 이성을 밝힐 때

저 애는 내가 찍었어.

- 봐봐. 중문과 킹카다. 너 요새 쟤 쫓아다닌다며.
- 저 애는 내가 찍었어, 끼어들 생각하지 마.

170위 당면하고 있는 상황이 자신이 어찌할 수 없게 난처할 때

내 입장도 정말 난처해.

- 왜 한 마디도 안해? 그런 상황에서 몇 마디 거들어주면 안돼!
- 내가 어떻게 얘기를 해? 내 입장도 정말 난처해.

171위 남의 참견이 마음에 들지 않을 때

내 일은 내가 알아서
할 거야.

- 요즘 일은 어때? 할 만해? 도움이 필요하면 날 찾아와.
- 생각해 주는 척 하지마, 내 일은 내가 알아서 할 거야.

169위

那个男孩是我的了。

Nàge nánhái shì wǒ de le.

= 他已经在我的名单上了。

Tā yǐjīng zài wǒ de míngdān shàng le.

A 你看，他是中文系的系草。听说你最近追他。
Nǐ kàn, tā shì zhōngwénxì de xìcǎo. Tīngshuō nǐ zuìjìn zhuī tā.

B 那个男孩是我的了，你别打他主意啊。
Nàge nánhái shì wǒ de le, nǐ bié dǎ tā zhǔyi a.

170위

我的处境也很难。

Wǒ de chǔjìng yě hěn nán.

A 你怎么一句话都不说？那种情况下也不帮我说句话!
Nǐ zěnme yíjùhuà dōu bù shuō? Nàzhǒng qíngkuàng xià yě bù bāng wǒ shuō jù huà!

B 我怎么说啊？我的处境也很难。
Wǒ zěnme shuō a? Wǒ de chǔjìng yě hěn nán.

171위

我的事情我自己会处理。

Wǒ de shìqing wǒ zìjǐ huì chǔlǐ.

A 最近工作怎么样？还行吗？如果有需要可以找我帮忙。
Zuìjìn gōngzuò zěnmeyàng? Háixíng ma? Rúguǒ yǒu xūyào kěyǐ zhǎo wǒ bāngmáng.

B 别假慈悲了，我的事情我自己会处理。
Bié jiǎ cíbēi le, wǒ de shìqing wǒ zìjǐ huì chǔlǐ.

172위 상대하기 힘든 성격을 지닌 사람을 훈계할 때

누가 네 성격을 받아주겠니?

- 너 성질 더럽다, 누가 네 성격을 받아주겠니?
- 난 그저 솔직하게 말하는 거야, 상관 마.

173위 상대방에게 상대가 원하는 나의 결정을 물을 때

그래서? 내가 어떻게 하길 바라니?

- 네가 이렇게 하면 일이 더 엉망이 될 거야. 아무런 도움도 안돼.
- 그래서? 내가 어떻게 하길 바라니?

174위 시간이 오래되어 좋아하는 감정이 줄어들었을 때

사랑이 식었어.

- 너희 둘 사귄지 오래됐잖아, 왜 헤어진거야?
- 사랑이 식었어, 억지로 같이 있어봤자 소용없잖아.

172 위 谁能忍受你的态度?

Shéi néng rěnshòu nǐ de tàidu?

A 你脾气太差了，谁能忍受你的态度?
Nǐ píqi tài chà le. Shéi néng rěnshòu nǐ de tàidu?

B 我只是实话实说，你别介意。
Wǒ zhǐshì shíhuà shíshuō, nǐ bié jièyì.

173 위 所以呢? 你想让我怎么做?

Suǒyǐ ne? Nǐ xiǎng ràng wǒ zěnme zuò?

A 你这样做只会使情况更糟糕，于事无补啊。
Nǐ zhèyàng zuò zhǐhuì shǐ qíngkuàng gèng zāogāo, yúshìwúbǔ a.

B 所以呢? 你想让我怎么做?
Suǒyǐ ne? Nǐ xiǎng ràng wǒ zěnme zuò?

174 위 我们已经没有爱了。

Wǒmen yǐjīng méiyǒu ài le.

=我们之间已经没有爱了。
Wǒmen zhījiān yǐjīng méiyǒu ài le.

A 你们在一起那么多年了，怎么最后还分手了?
Nǐmen zài yìqǐ nàme duōnián le, zěnme zuìhòu hái fēnshǒu le?

B 我们已经没有爱了，勉强在一起也没意思的。
Wǒmen yǐjīng méiyǒu ài le, miǎnqiǎng zài yìqǐ yě méiyìsi de.

165

175위 자신의 능력을 상대에게 뽐낼 때

타고 난 거야.

– 넌 피아노를 어쩜 그렇게 잘 치니? 어떻게 배웠어?
– 타고 난 거야, 부럽지?

176위 나이답지 못한 행동을 하는 상대방에게

나잇값 좀 해!

– 나잇값 좀 해! 점잖게 좀.
– 내 어디가 어른답지 못하다는 거야!

177위 상대방의 외모, 성격 따위가 몰라보게 변했을 때

너 완전히 딴 사람 됐다.

– 와우, 며칠 못 본 사이 너 완전히 딴 사람 됐다.
– 너한테만 살짝 알려줄게, 나 성형수술 했어.

175위 我是天生的。

Wǒ shì tiānshēng de.

=我是为了它而生的。

Wǒ shì wèile tā ér shēng de.

A 你钢琴怎么弹得那么好呢？怎么学的？

Nǐ gāngqín zěnme tán de nàme hǎo ne? Zěnme xué de?

B 我是天生的，羡慕吧？

Wǒ shì tiānshēng de, xiànmù ba?

176위 别孩子气!

Bié háiziqì!

A 你别孩子气了! 稳重点。

Nǐ bié háiziqì le! Wèn zhòng diǎn.

B 我怎么不像个大人的样子!

Wǒ zěnme búxiàng ge dàrén de yàngzi!

177위 你真的变成另一个人了。

Nǐ zhēnde biànchéng lìngyíge rén le.

A 哇哦，几天不见，你真的变成另一个人了。

Wā o, jǐtiān bújiàn, nǐ zhēnde biànchéng lìngyíge rén le.

B 偷偷告诉你，我去整容了。

Tōutou gàosu nǐ, wǒ qù zhěngróng le.

178위 쉴 틈 없이 바쁘게 일했을 때

오늘 정말 정신없이 바빴어.

- 오늘 정말 정신없이 바빴어. 하루 종일 쉬지도 못했다니까.
- 그래야 돈을 벌지, 지금 상황에 만족해.

179위 다른 사람과 같은 음식이나 물건을 원할 때

저도 같은 걸로 주세요.

- 뭘 드시겠어요?
- 저 사람 비빔밥 시켰죠? 그럼 저도 같은 걸로 주세요.

180위 식당에서 남은 음식을 가져가길 원할 때

남은 음식 싸 주시겠어요?

- 종업원, 계산이요! 남은 음식 싸 주시겠어요?
- 알겠습니다. 더 필요하신 것 있으세요?

178위 今天我真的是忙死了。

Jīntiān wǒ zhēnde shì mángsǐ le.

A 今天我真的是忙死了，一整天没休息过。
Jīntiān wǒ zhēnde shì mángsǐ le, yìzhěngtiān méi xiūxiguo.

B 忙才有钱赚嘛，你要知足啊。
Máng cái yǒu qián zhuàn ma, nǐ yào zhīzú a.

179위 我也一样。

Wǒ yě yíyàng.

=我来同样的。 =我来一样的。
Wǒ lái tóngyàng de. Wǒ lái yíyàng de.

A 请问您要吃点什么？
Qǐng wèn nín yào chīdiǎn shénme.

B 他要了一份拌饭，是吧？那我也一样。
Tā yào le yífèn bànfàn, shì ba? Nà wǒ yě yíyàng.

180위 剩下的能帮我打包吗？

Shèngxià de néng bāng wǒ dǎbāo ma?

A 服务员，结帐，剩下的能帮我打包吗？
Fúwùyuán, jiézhàng, shèngxià de néng bāng wǒ dǎbāo ma?

B 好的，还有什么需要的吗？
Hǎo de, háiyǒu shénme xūyào de ma?

181위 – 192위

181위	잘난 척 그만해!
182위	우린 천생연분이야.
183위	너희 사귀니?
184위	흔들리면 안돼.
185위	편하게 드세요.
186위	우리는 친한 사이야.
187위	그럴 기분 아니야!
188위	밤새 펑펑 울었어.
189위	너무 상심하지 마.
190위	조금만 참고 견뎌봐!
191위	귀찮게 좀 하지 마.
192위	만나 뵙게 되어 영광입니다.

181위 – 192위

181위 别自以为是！
Bié zìyǐwéishì!

182위 我们是天生一对。
Wǒmen shì tiānshēngyíduì.

183위 你们在交往吗？
Nǐmen zài jiāowǎng ma?

184위 不能动摇。
Bùnéng dòngyáo.

185위 随便吃。
Suíbiàn chī.

186위 我们关系很好。
Wǒmen guānxi hěn hǎo.

187위 没那个心情！
Méi nàge xīnqíng!

188위 我整整哭了一晚上。
Wǒ zhěngzhěng kūle yìwǎnshang.

189위 别太伤心。
Bié tài shāngxīn.

190위 试着坚持！
Shìzhe jiānchí!

191위 别烦我。
Bié fán wǒ.

192위 能见到你实在太荣幸了。
Néng jiàndào nǐ shízài tài róngxìng le.

181위 대단하지도 않은 실력을 남에게 부풀려서 뽐내지 말라고 할 때

잘난 척 그만해!

- 너 그거 알아? 내가 우리 반에서 중국어를 제일 잘 한다.
- 잘난 척 그만해! 저번 말하기 시험성적은 겨우 60점 이었잖아.

182위 하늘이 정해준 인연인 듯 연인 사이가 좋을 때

우린 천생연분이야.

- 너희 둘 왜 그렇게 공통점이 많아? 정말 잘 어울린다.
- 당연하지! 우린 천생연분이야.

183위 친구였던 남녀 사이가 연인처럼 느껴질 때

너희 사귀니?

- 요새 너희들 좀 수상해, 너희 사귀니?
- 아니야. 누가 그래?

181위 别自以为是！
Bié zìyǐwéishì.

A 你知道吗？我在我们班是汉语说得最好的一个。
Nǐ zhīdao ma? Wǒ zài. wǒmen bān shì Hànyǔ shuō de zuìhǎo de yíge.

B 别自以为是！你上次的口语考试成绩才60分不是嘛。
Bié zìyǐwéishì! Nǐ shàngcì de kǒuyǔ kǎoshì chéngjì cái 60fēn búshì ma.

182위 我们是天生一对。
Wǒmen shì tiānshēngyíduì.

A 你们俩怎么就有那么多相同点？真的很相配啊。
Nǐmen liǎ zěnme jiù yǒu nàme duō xiāngtóngdiǎn? Zhēnde hěn xiāngpèi a.

B 当然啦！我们是天生一对。
Dāngrán la! Wǒmen shì tiānshēngyíduì.

183위 你们在交往吗？
Nǐmen zài jiāowǎng ma?

=你们在拍拖吗？
Nǐmen zài pāituō ma?

A 最近你们有点儿不一样了，你们在交往吗？
Zuì jìn nǐmen yǒu diǎnr bù yí yàng le. nǐmen zài jiāowǎng ma?

B 没有啊。你听谁说的？
Méiyǒu a. Nǐ tīng shéi shuō de?

184위 이미 내린 결정에 확신이 없어 고민할 때

흔들리면 안돼.

- 경찰이 되는 건 너무 힘들어, 다시 생각해 봐.
- 내 꿈이야, 난 흔들리면 안 돼.

185위 초대한 사람들에게 편하게 그리고 많이 먹으라고 할 때

편하게 드세요.

- 사양하지 말고 편하게 드세요. 밥 한 그릇 더 드실래요?
- 아니에요, 배가 꽉 찼어요, 오늘 정말 잘 먹었어요.

186위 가까이 사귀어 정이 두터운 사이일 때

우리는 친한 사이야.

- 그녀를 알아? 우리랑 같은 학년인가 봐.
- 그럼 알지, 우리는 친한 사이야.

184위 不能动摇。
Bùnéng dòngyáo.

A 当个警察很辛苦，你再考虑考虑。
Dāng ge jǐngchá hěn xīnkǔ, nǐ zài kǎolǜ kǎolǜ.

B 那是我的理想，我 不能动摇。
Nà shì wǒ de lǐxiǎng, wǒ bùnéng dòngyáo.

185위 随便吃。
Suíbiàn chī.

=你自便。
Nǐ zìbiàn.

A 随便吃，别客气。再来碗米饭怎么样？
Suíbiàn chī, bié kèqi. Zàilái wǎn mǐfàn zěnmeyàng?

B 不了，我吃得快撑死了，今天真的吃得很好。
Bùle, wǒ chī de kuài chēngsǐ le, jīntiān zhēnde chī de hěnhǎo.

186위 我们关系很好。
Wǒmen guānxi hěn hǎo.

=我们关系不错。
Wǒmen guānxi búcuò.

A 你认识她吗？她好像是我们这个年级的。
Nǐ rènshi tā ma? Tā hǎoxiàng shì wǒmen zhège niánjí de.

B 当然认识，我们关系很好。
Dāngrán rènshi, wǒmen guānxi hěn hǎo.

187위 기분이 좋지 않아 어떤 일을 할 의욕이 생기지 않을 때

그럴 기분 아니야!

– 나가서 놀자. 친구들이랑 술 마시기로 했거든.
– 오늘 시험도 떨어졌는데, 그럴 기분 아니야!

188위 어떤 일로 인해 매우 많이 울었을 때

밤새 펑펑 울었어.

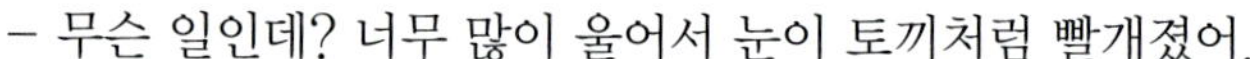

– 밤새 펑펑 울었어. 휴지를 4통이나 썼어.
– 무슨 일인데? 너무 많이 울어서 눈이 토끼처럼 빨개졌어.

189위 마음 아파하는 사람을 위로할 때

너무 상심하지 마.

– 나 차였어, 가슴이 너무 아파, 죽고 싶어.
– 너무 상심하지 마. 널린 게 남자야.

187위 没那个心情！

Méi nàge xīnqíng!

= 没心情！

Méi xīnqíng!

A 出去玩吧，我约了一堆朋友喝酒。
Chūqu wán ba, wǒ yuē le yìduī péngyou hējiǔ.

B 我今天考试没及格，没那个心情!
Wǒ jīntiān kǎoshì méi jígé, méi nàge xīnqíng!

188위 我整整哭了一晚上。

Wǒ zhěngzhěng kūle yìwǎnshang.

= 我整整哭了一宿。

Wǒ zhěngzhěng kūle yìxiǔ.

A 我整整哭了一晚上。用了四包纸巾。
Wǒ zhěngzhěng kūle yìwǎnshang. Yòngle sìbāo zhǐjīn.

B 怎么了？你的眼睛哭得和兔子一样红。
Zěnme le? Nǐ de yǎnjing kū de hé tùzi yíyàng hóng.

189위 别太伤心。

Bié tài shāngxīn.

A 我被甩了，心好痛，都想死了。
Wǒ bèi shuài le, xīn hǎo tòng, dōu xiǎngsǐ le.

B 别太伤心，男人多的是。
Bié tài shāngxīn, nán rén duōdeshì.

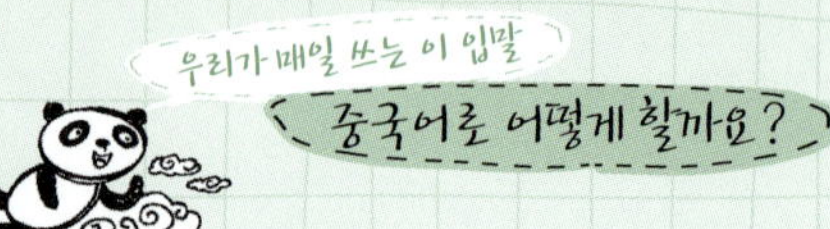

190위 어려운 환경에 굴복하지 않고 버텨낼 힘을 주고자 할 때

조금만 참고 견뎌봐.

– 더 이상 못 참겠어, 그 사장 완전 이상해. 매일 나만 야근 시켜.
– 조금만 참고 견뎌봐! 앞으로 좋아지겠지.

191위 지겹도록 참견할 때

귀찮게 좀 하지 마.

– 컴퓨터 좀 그만해, 인터넷에 완전 빠졌구나.
– 귀찮게 좀 하지 마, 조금 있으면 레벨 업 할 참이야.

192위 오랫동안 만나고 싶었던 사람을 만나게 되었을 때

만나 뵙게 되어 영광입니다.

– 예전부터 말씀 많이 들었습니다. 만나 뵙게 되어 영광입니다.
– 그런 말씀 마세요, 너무 쑥쓰럽습니다.

190위 **试着坚持！**

Shìzhe jiānchí!

=坚持试试！

Jiānchí shìshi!

A 我受不了了，那个老板太变态了，每天要我加班。
Wǒ shòubuliǎo le, nàge lǎobǎn tài biàntài le, měitiān yào wǒ jiābān.

B **试着坚持！** 以后会好起来的。
Shìzhe jiānchí! Yǐhòu huì hǎo qǐ lai de.

191위 **别烦我。**

Bié fán wǒ.

A 你别玩电脑了，上网都上疯了吧。
Nǐ bié wán diànnǎo le, shàngwǎng dōu shàngfēng le ba.

B **别烦我，** 我快通关了。
Bié fánwǒ, wǒ kuài tōngguān le.

192위 **能见到你实在太荣幸了**。

Néng jiàndào nǐ shízài tài róngxìng le.

A 我很早就听说过你了，能见到你实在太荣幸了。
Wǒ hěnzǎo jiù tīngshuōguo nǐ le, néng jiàndào nǐ shízài tài róngxìng le.

B 别这么说，我真是太不好意思了。
Bié zhème shuō, wǒ zhēnshì tài bùhǎoyìsi le.

193위 – 204위

193위 내가 곁에 있어 줄게.

194위 지금 비웃는 거야?

195위 난 당신 타입이 아니에요.

196위 내가 계산할게.

197위 내가 사과할게.

198위 네가 나한테 어떻게 이럴 수 있니?

199위 됐어, 친구 좋다는 게 뭐야?

200위 누구 점 찍어 둔 사람 있니?

201위 그런 뜻이 아니야!

202위 너무 연연해 하는 거 아니야?

203위 하늘만큼 땅만큼 사랑해.

204위 가위눌렸어.

193위 – 204위

193위 我会陪在你身边。
Wǒ huì péizài nǐ shēnbiān.

194위 你在嘲笑我吗？
Nǐ zài cháoxiào wǒ ma?

195위 我不是你喜欢的类型。
Wǒ búshì nǐ xǐhuan de lèixíng.

196위 我来付帐。
Wǒ lái fùzhàng.

197위 我向你道歉。
Wǒ xiàng nǐ dàoqiàn.

198위 你怎么能这样对我？
Nǐ zěnme néng zhèyàng duì wǒ?

199위 得了吧，我们谁跟谁呀？
Dé le ba, wǒmen shéi gēn shéi ya?

200위 你有看中的人吗？
Nǐ yǒu kànzhòng de rén ma?

201위 不是这个意思！
Búshì zhège yìsi!

202위 太过于纠缠不清了不是吗？
Tài guòyú jiūchánbuqīng le búshì ma?

203위 我爱你到海枯石烂，山崩地裂。
Wǒ ài nǐ dào hǎikūshílàn, shānbēngdìliè.

204위 我做恶梦了。
Wǒ zuò èmèng le.

193위 힘든 상황에 처한 사람 곁에서 힘이 되어 주고 싶을 때

내가 곁에 있어 줄게.

- 수술이 너무 무서워.
- 무서워하지마, 작은 수술일 뿐이야, 내가 곁에 있어 줄게.

194위 공연히 결점을 찾아내어 비아냥거릴 때

지금 비웃는 거야?

- 방금 한 말 무슨 뜻이야? 지금 비웃는 거야?
- 오해야. 난 그저 앞으로 네가 일을 좀 더 열심히 하길
  바랐을 뿐이야.

195위 데이트 신청을 거절할 때

난 당신 타입이 아니에요.

- 왜 내 여자친구가 되기 싫은데?
- 난 당신 타입이 아니에요. 나보다 더 좋은 사람을 찾을 수
  있을 거에요.

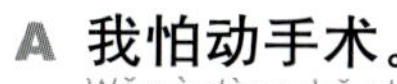

193위 我会陪在你身边。
Wǒ huì péizài nǐ shēnbiān.

=我会一直在你身边。
Wǒ huì yìzhí zài nǐ shēnbiān.

A 我怕动手术。
Wǒ pà dòng shǒushù.

B 别怕，只是个小手术，我会陪在你身边。
Bié pà, zhǐshì ge xiǎoshǒushù, wǒ huì péizài nǐ shēnbiān.

194위 你在嘲笑我吗？
Nǐ zài cháoxiào wǒ ma?

A 你刚才的话什么意思？你在嘲笑我吗？
Nǐ gāngcái de huà shénme yìsi? Nǐ zài cháoxiào wǒ ma?

B 你误会我了。我只是希望你以后工作能够再努力一点。
Nǐ wùhuì wǒ le. Wǒ zhǐshì xīwàng nǐ yǐhòu gōngzuò nénggòu zài nǔlì yìdiǎn.

195위 我不是你喜欢的类型。
Wǒ búshì nǐ xǐhuan de lèixíng.

=我不是你喜欢的那个型。
Wǒ búshì nǐ xǐhuan de nàge xíng.

A 你为什么不愿意做我的女朋友？
Nǐ wènshénme bú yuànyì zuò wǒ de nǚpéngyou.

B 我不是你喜欢的类型啦，你会找到比我更适合你的人的。 Wǒ búshì nǐ xǐhuan de lèixíng la, nǐ huì zhǎodào bǐ wǒ gèng shìhé nǐ de rén de.

196위 자신이 비용을 지불하고자 할 때

내가 계산할게.

- 종업원, 여기 계산이요. 모두 얼마에요?
- 지갑 열지마, 내가 계산할게.

197위 자기의 잘못을 인정하고 용서를 빌 때

내가 사과할게.

- 미안해, 내가 오해했어, 내가 사과할게.
- 괜찮아, 난 아무렇지 않아.

198위 자신에 대한 상대의 말이나 행동에 배신감을 느꼈을 때

네가 나한테 어떻게 이럴 수 있니?

- 우리 헤어지자, 우린 잘 안 맞는 것 같다.
- 네가 나한테 어떻게 이럴 수 있니? 다른 여자 생겼어?

196위 我来付帐。
Wǒ lái fùzhàng.

A 服务生，埋单，一共多少钱？
Fúwùshēng, máidān, yígòng duōshao qián?

B 你别掏了，我来付帐。
Nǐ bié tāo le, wǒ lái fùzhàng.

197위 我向你道歉。
Wǒ xiàng nǐ dàoqiàn.

=我跟你说对不起。
Wǒ gēn nǐ shuō duìbuqǐ.

A 对不起，我误会你了，我向你道歉。
Duìbuqǐ, wǒ wùhuì nǐ le, wǒ xiàng nǐ dàoqiàn.

B 没事，我不介意。
Méishì, wǒ bújièyì.

198위 你怎么能这样对我？
Nǐ zěnme néng zhèyàng duì wǒ?

A 我们分手吧。我觉得我和你并不合适。
Wǒmen fēnshǒu ba. Wǒ juéde wǒ hé nǐ bìng bù héshì.

B 你怎么这样对我？是不是你喜欢上别的女人了？
Nǐ zěnme néng zhèyàng duì wǒ? Shìbushì nǐ xǐhuan shàng biéde nǚrén le?

199위 자신에게 도움을 받은 친구가 고마움을 표시할 때

됐어, 친구 좋다는 게 뭐야?

- 이번에 네 덕분에 일이 잘 됐어, 너무 고마워! 꼭 보답할게.
- 됐어, 친구 좋다는 게 뭐야?

200위 맘에 드는 사람이 있는지를 물을 때

누구 점 찍어 둔 사람 있니?

- 멋진 남자 정말 많다, 누구 점 찍어 둔 사람 있니?
- 있어, 구석에 서 있는 저 사람 괜찮아 보이는데.

201위 자기가 의도한 바가 아니었을 때

그런 뜻이 아니야!

- 영화 보고 싶어? 내가 DVD 볼 거 사 줄게.
- 그런 뜻이 아니야! 내 말은 너랑 같이 영화보고 싶다고!

199위 得了吧, 我们谁跟谁呀?

Dé le ba, wǒmen shéi gēn shéi ya?

A 这次多亏你事情才能成功, 太谢谢你了,
我一定报答你 。
Zhècì duōkuī nǐ shìqing cáinéng chénggōng, tài xièxie le, wǒ yídìng bàodá nǐ.

B 得了吧, 我们谁跟谁呀?
Dé le ba, wǒ men shéi gēn shéi ya?

200위 你有看中的人吗?

Nǐ yǒu kànzhòng de rén ma?

A 这么多帅哥，你有看中的人吗?
Zhème duō shuàigē, nǐ yǒu kànzhòng de rén ma?

B 有啊，站在角落那个看上去很不错。
Yǒu a, zhànzài jiǎoluò nàge kànshangqu hěn búcuò.

201위 不是这个意思！

Búshì zhège yìsi!

A 你想看电影啊? 我给你买DVD看吧。
Nǐ xiǎng kàn diànyǐng a? Wǒ gěi nǐ mǎi DVD kànba.

B 不是这个意思！我的意思是我想和你一起去看电影！
Búshì zhège yìsi! Wǒ de yìsi shì wǒ xiǎng hé nǐ yìqǐ qù kàn diànyǐng!

202위 친구나 동료가 헤어진 연인에게 미련을 갖고 있을 때

너무 연연해 하는 거 아니야?

– 그에게 계속 전화했는데 안 받아. 못 잊겠어.
– 너 왜 그래? 이미 헤어졌잖아, 너무 연연해 하는 거 아니야?

203위 연인 사이에 사랑의 마음을 표현할 때

하늘만큼 땅만큼 사랑해.

– 자기야, 나 얼만큼 사랑해?
– 하늘만큼 땅만큼 사랑해.

204위 악몽을 꾸었을 때

가위눌렸어.

– 가위눌렸어, 너무 무서워.
– 너 어젯밤 공포 영화 또 봤지.

202위

太过于纠缠不清了不是吗?
Tài guòyú jiūchánbuqīng le búshì ma?

A 我一直给他打电话，可没接。我不能忘记他。
Wǒ yìzhí gěi tā dǎ diànhuà, kě méi jiē. Wǒ bùnéng wàngjì tā.

B 你何必呢？都分手了，太过于纠缠不清了不是吗？
Nǐ hébì ne? Dōu fēnshǒu le, tài guòyú jiūchánbuqīng le búshì ma?

203위

我爱你到海枯石烂，
山崩地裂。
Wǒ ài nǐ dào Hǎikūshílàn, shānbēngdìliè.

A 亲爱的，你有多爱我？
Qīn'àide, nǐ yǒu duō ài wǒ?

B 我爱你到海枯石烂，山崩地裂。
Wǒ ài nǐ dào hǎikūshílàn, shānbēngdìliè.

* 海枯石烂，此心 不移。 바닷물이 마르고 돌이 썩더라도
이 마음 영원히 변치 않으리.

204위

我做恶梦了。
Wǒ zuò èmèng le.

A 我做恶梦了，好恐怖啊。
Wǒ zuò èmèng le, hǎo kǒngbù a.

B 你昨晚恐怖片又看多了吧。
Nǐ zuówǎn kǒngbùpiàn yòu kànduō le ba.

205위 – 216위

205위 김이 빠졌네.

206위 기운이 하나도 없어.

207위 면목 없습니다.

208위 속이 안 좋아.

209위 줄 서세요!

210위 눈이 부었어.

211위 생각이 너무 짧았어.

212위 빈둥거리지 마.

213위 드디어 이상형을 만났어.

214위 쟤들은 단짝친구야.

215위 삼각관계

216위 우린 서로 전기가 통했어.

205위 – 216위

205위 跑了气了。
Pǎo le qì le.

206위 浑身没劲儿。
Húnshēn méi jìnr.

207위 没脸见人。
Méiliǎn jiànrén.

208위 我胃不舒服。
Wǒ wèi bùshūfu.

209위 请排队!
Qǐng páiduì!

210위 我眼睛肿了。
Wǒ yǎnjing zhǒng le.

211위 想法过于简单了。
Xiǎngfǎ guòyú jiǎndān le.

212위 别每天只知道瞎逛。
Bié měitiān zhǐ zhīdao xiāguàng.

213위 我终于遇到我的白马王子了。
Wǒ zhōngyú yùdào wǒ de báimǎwángzǐ le.

214위 他们像是一个豆荚里面的两粒豌豆。
Tāmen xiàng shì yíge dòujiá lǐmiàn de liǎnglì wāndòu.

215위 三角恋
Sānjiǎoliàn

216위 我们之间来了电。
Wǒmen zhījiān lái le diàn.

205위 탄산음료의 맛이 밍밍할 때

김이 빠졌네.

– 왜 콜라 안 마셔? 콜라 안 좋아해?
– 안 좋아하는 게 아니라, 김이 빠져서 맛이 없어.

206위 몸이 아프거나 힘든 일을 한 후 기력이 없을 때

기운이 하나도 없어.

– 어디 아파?
– 너무 피곤해, 온몸에 기운이 하나도 없어.

207위 부끄러워 남을 대할 용기가 나지 않을 때

면목 없습니다.

– 시험에 떨어진 거 별 거 아니야, 집에 가자.
– 안 가, 부모님 뵐 면목이 없어.

205위

跑了气了。

Pǎo le qì le.

= 走了气了。

Zǒu le qì le.

A 怎么不喝可乐啊？不喜欢可乐吗？
Zěnme bù hē kělè a? Bù xǐhuan kělè ma?

B 不是不喜欢，因为这个都跑了气了，不好喝。
Búshì bù xǐhuan, yīnwèi zhège dōu pǎo le qì le, bù hǎohē.

206위

浑身没劲儿。

Húnshēn méi jìnr.

= 我一点力气都没有。　= 我一点劲儿都没有。

Wǒ yìdiǎn lìqi dōu méiyǒu.　　Wǒ yì diǎn jìnr dōu méi yǒu.

A 你觉得哪里不舒服？
Nǐ juéde nǎli bù shūfu?

B 我觉得很累，浑身没劲儿。
Wǒ juéde hěnlèi, húnshēn méi jìnr.

207위

没脸见人。

Méiliǎn jiànrén.

= 无颜见人。

Wúyán jiànrén.

A 考试没通过也没什么啊，回家吧。
Kǎoshì méi tōngguò yě méishénme a, huíjiā ba.

B 我不回去，我没脸见我的爸爸妈妈。
Wǒ bù huí qu, wǒ méi liǎn jiàn wǒ de bà ba mā ma.

208위 소화가 잘 안되어 뱃속이 거북할 때

속이 안 좋아.

– 얼굴 표정이 왜 그래? 어디 불편해?
– 속이 안 좋아, 점심 때 너무 많이 먹었나 봐.

209위 질서유지를 위해 줄을 서라고 할 때

줄 서세요!

– 선착순 입니다. 줄 서세요!
– 공짜로 주는 건가봐. 얼른 가보자.

210위 너무 울거나 잠을 자서 눈가죽이 부풀어 올랐을 때

눈이 부었어.

– 눈이 부었어, 사람들이 볼텐데 어떻게 나가지?
– 누가 너처럼 영화 보고 그렇게 서글프게 울래!

208위

我胃不舒服。
Wǒ wèi bù shūfu.

A 你干吗这副表情？哪里不舒服？
Nǐ gànmá zhèfù biǎoqíng? Nǎli bù shūfu?

B 我胃不舒服，中午好像吃太多了。
Wǒ wèi bù shūfu, zhōngwǔ hǎoxiàng chī tài duō le.

209위

请排队！
Qǐng páiduì!

A 先到先得。请排队！
Xiān dào xiān dé. Qǐng páiduì!

B 免费送吧，我们赶紧去吧。
Miǎnfèi sòng de ba, wǒmen gǎnjǐn qù ba.

210위

我眼睛肿了。
Wǒ yǎnjing zhǒng le.

A 我眼睛肿了，我怎么出门见人啊？
Wǒ yǎnjing zhǒng le, wǒ zěnme chūmén jiànrén a?

B 谁像你这样看个电影还哭得那么伤心！
Shéi xiàng nǐ zhèyàng kàn ge diànyǐng hái kū de nàme shāngxin!

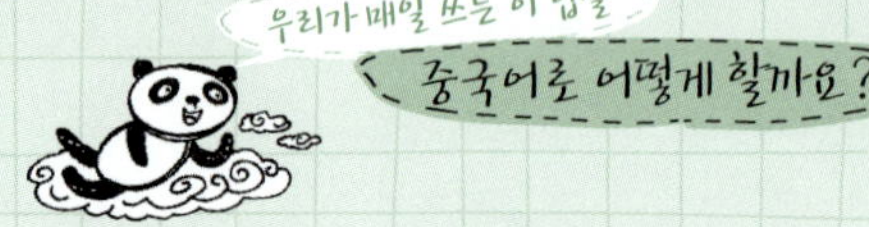

211위 생각이 일정한 정도에 미치지 못하거나 마음 씀이 넓지 못할 때

생각이 너무 짧았어.

– 진짜 미안해, 이번 일은 다 내 잘못이야. 내 생각이 너무 짧았어요.
– 마음에 두지 마, 앞으로 조심하면 되지.

212위 하는 일 없이 나가서 이리저리 싸돌아 다니는 사람을 보고

빈둥거리지 마.

– 빈둥거리지 말고 공부 좀 해라!
– 내 일은 내가 알아서 할 테니까 그만 신경 끄셔.

213위 마침내 꿈에 그리던 사람을 만났을 때

드디어 이상형을 만났어.

– 오늘 선봤는데, 드디어 이상형을 만났어.
– 정말? 누구야? 나이는? 키는? 잘 생겼어?

211위 想法过于简单了。

Xiǎngfǎ guòyú jiǎndān le.

= 我的想法太过肤浅了。

Wǒ de xiǎngfǎ tàiguò fūqiǎn le.

A 真的很对不起，这次全是我的错，我的
想法过于简单了。

Zhēnde hěn duìbuqǐ, zhècì quán shì wǒ de cuò, wǒ de xiǎngfǎ guòyú jiǎndānle.

B 别放在心上，以后注意就行了。

Bié fàngzài xīnshàng, yǐhòu zhùyì jiùxíng le.

212위 别每天只知道瞎逛。

Bié měitiān zhǐ zhīdao xiāguàng.

A 别每天只知道瞎逛，学点习吧！

Bié měitiān zhǐ zhīdào xiāguàng, xué diǎn xí ba!

B 我的事情我自己管，你少操心。

Wǒ de shìqíng wǒ zìjǐ guǎn, nǐ shǎo cāoxīn.

213위 我终于遇到我的白马
王子了。

Wǒ zhōngyú yùdào wǒ de báimǎwángzǐ le.

A 我今天去相亲，终于遇到我的白马王子了。

Wǒ jīntiān qù xiāngqīn, zhōngyú yùdào wǒ de báimǎwángzǐ le.

B 真的吗？是谁？年纪多大？多高？帅吗？

Zhēn de ma? Shì shéi? Niánjì duōdà? Duō gāo? Shuài ma?

214위 서로 뜻이 맞거나 매우 친하여 늘 함께 어울리는 사람들을 보고

재들은 단짝친구야.

- 리홍창과 후즈밍은 맨날 붙어 다니더라, 같이 수업하고, 같이 공부하고 같이 운동 하고.
- 그러게, 재들은 단짝친구야.

215위 세 남녀 사이의 연애관계

삼각관계

- 더 이상 삼각관계에 얽혀 있지 마.
- 그건 나도 알고 있어, 근데 어떻게 해결해야 할지 모르겠어.

216위 남녀 사이에 서로 호감을 느껴 몸에 짜릿한 느낌이 올 때

우린 서로 전기가 통했어.

- 듣자하니, 네 부인이랑 만난지 한 달만에 결혼했다며.
- 그래, 우린 서로 전기가 통했어.

214위

他们像是一个豆荚里面的两粒豌豆。

Tāmen xiàng shì yíge dòujiá lǐmiàn de liǎnglì wāndòu.

A 李宏昌和胡志明每天都泡在一起，上课，学习，打球。
Lǐ Hóngchāng hé Hú Zhìmíng měitiān dōu pàozài yìqǐ, shàngkè, xuéxí, dǎqiú.

B 是啊，他们像是一个豆荚里面的两粒豌豆。
Shì a, tāmen xiàng shì yíge dòujiá lǐmiàn de liǎnglì wāndòu.

215위

三角恋

Sānjiǎoliàn

A 你不要再纠缠在三角恋里面了。
Nǐ búyào zài jiūchán zài sānjiǎoliàn lǐmiàn le.

B 这我也知道，但我不知道怎么处理。
Zhè wǒ yě zhīdao, dàn wǒ bùzhīdào zěnme chǔlǐ.

216위

我们之间来了电。

Wǒmen zhījiān lái lo diàn.

A 听说，你和你太太认识一个月就结婚了。
Tīng shuō, nǐ hé nǐ tàitai rènshi yíge yuè jiù jiéhūn le.

B 是啊，我们之间来了电。
Shì a, wǒmen zhījiān lái le diàn.

217위 ~ 228위

217위 죄송합니다만, 성함을 제대로 못 들었네요.

218위 계속 연락하고 지내자.

219위 나 요즘 걔랑 사귀어.

220위 한 귀로 듣고 한 귀로 흘려버린다.

221위 어리광 부리지 마.

222위 시간 좀 내줄 수 있어요?

223위 버스는 이미 지나갔어.

224위 늦잠 잤어.

225위 잠깐 눈 좀 붙일게.

226위 월급 진작에 다 써 버렸어.

227위 우린 손발이 척척 맞아요.

228위 내 나름대로 열심히 했어.

217위 − 228위

217위 不好意思，我没听清楚您的名字。
Bùhǎoyìsi, wǒ méi tīng qīngchu nín de míngzi.

218위 保持联系。
Bǎochí liánxì.

219위 我最近和她在交往。
Wǒ zuìjìn hé tā zài jiāowǎng.

220위 一个耳朵进一个耳朵出。
Yíge ěrduo jìn yíge ěrduo chū.

221위 别撒娇了。
Bié sājiāo le.

222위 能抽出点儿时间来吗？
Néng chōuchū diǎnr shíjiān lái ma?

223위 你错过了这次机会。
Nǐ cuòguò le zhècì jīhuì.

224위 我睡过头了。
Wǒ shuì guòtóu le.

225위 我打一会儿盹。
Wǒ dǎ yìhuǐr dǔnr.

226위 工资早就花光了。
Gōngzī zǎojiù huāguāng le.

227위 我们配合得很默契。
Wǒmen pèihé de hěn mòqì.

228위 我想我尽力了。
Wǒ xiǎng wǒ jìnlì le.

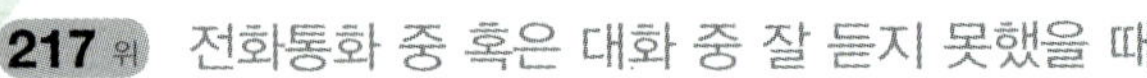

217 위   전화통화 중 혹은 대화 중 잘 듣지 못했을 때

죄송합니다만, 성함을 제대로 못 들었네요.

- 죄송합니다만, 성함을 제대로 못 들었네요, 다시 한번 천천히 말씀해주세요.
- 저는 왕깡이라고 해요. 이번 합작에 관한건데요, 언제쯤 만날 수 있을까요?

218 위   지속적인 교류 및 관계유지를 원하며

계속 연락하고 지내자.

- 이게 내 핸드폰번호야, 계속 연락하고 지내자.
- 그래, 자주 문자 보낼게.

219 위   친구에게 교제하는 사람이 있다고 말할 때

나 요즘 개랑 사귀어.

- 새 여자친구 생겼다며?
- 바로 저번에 네가 봤던 앤데, 나 요즘 개랑 사귀어.

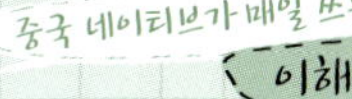

217위 不好意思，我没听清楚您的名字。

Bùhǎoyìsi, wǒ méi tīng qīngchu nín de míngzi.

=抱歉，我没听清楚您的名字。

Bàoqiàn, wǒ méi tīng qīngchu nín de míngzi.

A 不好意思，我没听清楚您的名字，请您慢慢地再说一遍。 Bùhǎoyìsi, wǒ méi tīng qīngchu nín de míngzi, qǐng nín mànmānde zài shuō yíbiàn.

B 我是王刚。关于这次合作，我们什么时候能见个面啊？ Wǒ shì Wáng Gāng. Guānyú zhìcì hézuò wǒmen shénme shíhou néng jiàn ge miàn a?

218위 保持联系。

Bǎochí liánxì.

=经常联系。

Jīngcháng liánxì.

A 这是我的手机号码，我们保持联系。 Zhè shì wǔ de shǒujī hàoma, wǒmen bǎochí liánxì.

B 好啊，我会经常给你发短信的。 Hǎo a, wǒ huì jīngcháng gěi nǐ fā duǎnxìn de.

219위 我最近和她在交往。

Wǒ zuìjìn hé tā zài jiāowǎng.

A 听说你有新女朋友了？ Tīngshuō nǐ yǒu xīn nǚpéngyou le?

B 就是上次你见到的那个，我最近和她在交往。 Jiùshì shàngcì nǐ jiàndào de nàge, wǒ zuìjìn hé tā zài jiāowǎng.

220위 남의 말을 귀담아 듣지 아니한다는 말

한 귀로 듣고 한 귀로 흘려버린다.

- 선생님, 왜 저희 아이 성적이 이렇게 나쁠까요?
- 수업시간에 항상 한 귀로 듣고 한 귀로 흘려버리고, 집중을 안해요.

221위 어린아이의 말씨나 태도로 버릇없이 굴 때

어리광 부리지 마.

- 청쯴 오빠, 이거 사줘. 안 사주면 앞으로 오빠랑 말 안 할 거야.
- 어리광 부리지 마. 이건 나한테 안 통해.

222위 짬을 내어주기를 원할 때

시간 좀 내줄 수 있어요?

- 지금 시간 좀 내줄 수 있어요?
- 먼저 휴게실에 가서 좀 기다려, 전화 한 통 하고 갈게.

220위 一个耳朵进一个耳朵出。

Yíge ěrduo jìn yíge ěrduo chū.

=这耳朵进那耳朵出。

Zhè ěrduo jìn nà ěrduo chū.

A 老师，为什么我的孩子学习这么差？
Lǎo shī, wèi shén me wǒ de hái zi xuéxí zhè me chà?

B 他上课总是一个耳朵进一个耳朵出，不专心。
Tā shàng kè zǒng shì yí ge ěr duo jìn yí ge ěr duo chū, bù zhuān xin.

221위 别撒娇了。

Bié sājiāo le.

A 成俊哥，给我买这个，你不买的话我以后就不跟你说话了。 Chéngjùn gē, gěi wǒ mǎi zhège, nǐ bù mǎi dehuà wǒ yǐhòu jiù bù gēn nǐ shuōhuà le.

B 别撒娇了，这对我不管用。
Bié sājiāo le, zhè duì wǒ bù guǎnyòng.

222위 能抽出点儿时间来吗？

Néng chōuchū diǎnr shíjiān lái ma?

A 现在能抽出点儿时间来吗？
Xiàn zài néng chōuchū diǎnr shíjiān lái ma?

B 你先去休息室等一下，我打个电话就过去。
Nǐ xiān qù xiūxishì děng yíxià, wǒ dǎ ge diànhuà jiù guòqu.

223위 기회를 이미 놓쳤다는 말

버스는 이미 지나갔어.

– 너무 아깝다! 거의 승진할 뻔했는데.
– 버스는 이미 지나갔어. 더 이상 말하지 마.

224위 아침 늦게까지 잠을 잤을 때

늦잠 잤어.

– 오늘 아침에 왜 지각했어?
– 늦잠 잤어, 게다가 길까지 막혔거든.

225위 피곤해서 잠깐 잠을 청하고자 할 때

잠깐 눈 좀 붙일게.

– 너무 피곤해 보인다.
– 이틀 동안 못잤어, 잠깐 눈 좀 붙일게. 일이 있으면 깨워 줘.

223 위 你错过了这次机会。

Nǐ cuòguò le zhècì jīhuì.

A 真可惜，我差点就能升职了。
Zhēn kěxī, wǒ chàdiǎn jiù néng shēngzhí le.

B 你错过了这次机会。别再说啦。
Nǐ cuòguò le zhècì jīhuì. Bié zài shuō la.

224 위 我睡过头了。

Wǒ shuì guòtóu le.

=我起晚了。
Wǒ qǐ wǎn le.

A 你今天早上怎么迟到了？
Nǐ jīntiān zǎoshang zěnme chídào le.

B 我睡过头了，更糟糕的是路上还堵车了。
Wǒ shuì guò tóu le, gèng zāogāo de shì lùshàng hái dǔchē le.

225 위 我打一会儿盹儿。

Wǒ dǎ yíhuìr dǔnr.

=我眯一会儿。
Wǒ mī yíhuìr.

A 你看上去很累的样子。
Nǐ kànshangqù hěn lèi de yàngzi.

B 我两天没睡，我打一会儿盹儿，有事叫我。
Wǒ liǎngtiān méi shuì, wǒ dǎ yíhuìr dǔnr, yǒushì jiào wǒ.

226위 며칠 사이에 받은 월급을 다 써버렸을 때

월급 벌써 다 써 버렸어.

- 돈이 좀 급한데, 돈 좀 빌려 줄래.
- 월급 벌써 다 써 버렸어, 내 밥값도 없거든.

* 月光族 : 매달 월급을 다 써 버리는 사람들한테 하는 말

227위 호흡이 잘 맞는 사람끼리

우린 손발이 척척 맞아요.

- 이번 판매 활동은 정말 성공적이었어, 너희 둘 덕분이야.
- 10년 넘게 같이 일하다 보니, 우린 손발이 척척 맞아요.

228위 자신이 처한 입장, 가지고 있는 방식 등으로 최선을 다 했을 때

내 나름대로 열심히 했어.

- 일의 성공여부는 하늘의 뜻에 맡길래. 내 나름대로 열심히 했어.
- 최선을 다했으면 됐지, 실패해도 너를 나무랄 사람은 없을 거야.

226위 工资早就花光了。

Gōngzī zǎojiù huāguāng le.

= 我是 "月光族" 啊。

Wǒ shì "yuèguāngzú" a.

A 我急着用钱，你借我点钱吧。
Wǒ jízhe yòngqián, nǐ jièwǒ diǎn qián ba.

B 我工资早就花光了，自己还没钱吃饭呢。
Wǒ gōngzī zǎojiù huāguāng le, zìjǐ hái méi qián chīfàn ne.

227위 我们配合得很默契。

Wǒmen pèihé de hěn mòqì.

A 这次销售活动真成功，多亏了你们两个。
Zhèci xiāoshòu huódòng zhēn chénggōng, duō kuī le nǐmen liǎngge.

B 我们一起工作已经十多年了，我们配合得很默契。
Wǒmen yì qǐ gōngzuò yǐjing shí duō nián le, wǒmen pèihé de hěn mòqì.

228위 我想我尽力了。

Wǒ xiǎng wǒ jìnlì le.

A 谋事在人，成事在天。我想我尽力了。
Móu shì zài rén, chéng shì zài tiān. Wǒ xiǎng wǒ jìnlì le.

B 你尽力就好，失败也没人怪你。
Nǐ jìnlì jiùhǎo, shībài yě méirén guài nǐ.

229위 – 240위

229위 모르기는 나도 마찬가지야.

230위 그녀를 애타게 만들어야 해.

231위 그건 그렇다 치고, 우릴 좀 도와주면 안되겠니?

232위 너 반드시 후회하게 될 거야.

233위 괜한 사람 잡지마.

234위 걔들 진짜로 사귀기로 한 거니?

235위 좀 깎아 주시겠어요?

236위 너 때문에 놀라 자빠지는 줄 알았어.

237위 미쳤어?

238위 너 스타킹 올이 나갔어.

239위 너 아직도 꽁해 있니?

240위 돈 엄청 벌었나 봐.

229위 – 240위

229위 我和你一样对此一无所知。
Wǒ hé nǐ yíyàng duì cǐ yìwúsuǒzhī.

230위 吊吊她的胃口。
Diàodiao tā de wèikǒu.

231위 尽管如此，你就不能帮帮我们吗？
Jǐnguǎn rúcǐ, nǐ jiù bùnéng bāngbang wǒmen ma?

232위 你肯定会后悔的。
Nǐ kěndìng huì hòuhuǐ de.

233위 别把无关的人牵扯进来。
Bié bǎ wúguān de rén qiānchějìnlai.

234위 他们开始认真了？
Tāmen kāishǐ rènzhēn le?

235위 你能给我打折吗？
Nǐ néng gěi wǒ dǎzhé ma?

236위 我被你吓得够呛。
Wǒ bèi nǐ xià de gòuqiàng.

237위 你疯了吗？
Nǐ fēng le ma?

238위 你的袜子刮破了。
Nǐ de wàzi guāpò le.

239위 你还是想不开吗？
Nǐ hái shi xiǎngbukāi ma?

240위 看来你赚了不少钱。
Kànlai nǐ zhuàn le bùshǎo qián.

229위 상대방과 같이 나도 정확한 지식이 없을 때

모르기는 나도 마찬가지야.

– 이번 일은 정말 하나도 몰라, 어떻게 하는 거지?
– 모르기는 나도 마찬가지야. 다른 사람한테 물어보자.

230위 연인 사이에 밀고 당기기를 해야 한다고 할 때

그녀를 애타게 만들어야 해.

– 넌 왕후이를 쫓아다니잖아? 왜 그녀한테 문자 안 보내?
– 그녀를 애타게 만들어야 해.

231위 다른 건 제치고 두고 도움을 청할 때

그것은 그렇다 치고, 우릴 좀 도와주면 안되겠니?

– 그것은 그렇다 치고, 우릴 좀 도와주면 안되겠니?
– 내가 최선을 다해 볼게.

229

我和你一样对此一无所知。

Wǒ hé nǐ yíyàng duì cǐ yìwúsuǒzhī.

A 这次的工作我真的是一点都不懂，怎么做啊？
Zhècì de gōngzuò wǒ zhēnde shì yìdiǎn dōu bùdǒng, zěnme zuò a?

B 我和你一样对此一无所知。向别人问问吧。
Wǒ hé nǐ yíyàng duì cǐ yìwúsuǒzhī. Xiàng biérén wènwen ba.

230위

吊吊她的胃口。

Diàodiao tā de wèikǒu.

A 你不是在追王慧吗？怎么不给她发短信了？
Nǐ búshì zài zhuī Wáng Huì ma? Zěnme bù gěi tā fā duǎnxìn le?

B 我这是吊吊她的胃口。
Wǒ zhè shì diàodiao tā de wèikǒu.

231위

尽管如此，你就不能帮帮我们吗？

Jǐnguǎn rúcǐ, nǐ jiù bùnéng bāngbang wǒmen ma?

A 尽管如此，你就不能帮帮我们吗？
Jǐnguǎn rúcǐ, nǐ jiù bùnéng bāngbang wǒmen ma?

B 我尽量试试吧。
Wǒ jǐnliàng shìshi ba.

213

232위 잘못된 결정을 내리려는 사람을 설득할 때

너 반드시 후회하게 될 거야.

– 이 일을 그만두기로 마음 먹었어.
– 너 반드시 후회하게 될 거야. 더 잘 생각해 봐.

233위 잘 알지도 못하면서 섣불리 나서지 말라고 할 때

괜한 사람 잡지마.

– 넌 왜 또 양원쮠을 말하니? 괜한 사람 잡지마.
– 근데 너도 분명히 봤잖아, 걔도 그때 거기에 있었다고.

234위 교제 사실이 궁금할 때

걔들 진짜로 사귀기로 한 거니?

– 양원쮠은 한 달째 왕후이랑 매일 데이트 중이야.
– 나도 알아, 걔들 진짜로 사귀기로 한 거니?

232위 你肯定会后悔的。

Nǐ kěndìng huì hòuhuǐ de.

A 我打算放弃这份工作。
Wǒ dǎsuàn fàngqì zhèfèn gōngzuò.

B 你肯定会后悔的，再好好儿想想。
Nǐ kěndìng huì hòuhuǐ de, zài hǎohāor xiǎngxiang.

233위 别把无关的人牵扯进来。

Bié bǎ wúguān de rén qiānchějìnlai.

=别把无辜的人牵扯进来。
Bié bǎ wúgū de rén qiānchějìnlai.

A 你怎么又说杨文君，别把无关的人牵扯进来。
Nǐ zěnme yòu shuō Yáng Wénjūn, Bié bǎ wúguān de rén qiānchějìnlai.

B 可是你也明明看见啦，他当时也在场。
Kěshì nǐ yě míngmíng kànjiàn la, tā dāngshí yě zàichǎng.

234위 他们开始认真了？

Tāmen kāishǐ rènzhēn le?

=他们真的交往了？
Tāmen zhēnde jiāowǎng le?

A 杨文君每天都和王慧约会，已经一个月了。
Yáng Wénjūn měitiān dōu hé Wáng Huì yuēhuì, yǐjing yíge yuè le.

B 我知道啊，他们开始认真了？
Wǒ zhīdao a, tāmen kāishǐ rènzhēn le.

235위 가격 할인을 원할 때

좀 깎아 주시겠어요?

- 좀 깎아 주시겠어요?
- 죄송한데, 저희 가게는 정찰제입니다.

236위 너무 놀라서

너 때문에 놀라 자빠지는 줄 알았어.

- 깜짝이야, 너 때문에 놀라 자빠지는 줄 알았어.
- 미안해, 놀랄 줄 몰랐어.

237위 예상했던 가격보다 비쌀 때

미쳤어?

- 휴가내서 여행갈 거야.
- 미쳤어? 애는 누가 봐?

235위 **你能给我打折吗？**
Nǐ néng gěi wǒ dǎzhé ma?

A 你能给我打折吗？
Nǐ néng gěi wǒ dǎzhé ma?

B 对不起，我们这儿不讲价。
Duì bu qǐ, wǒ men zhèr bù jiǎng jià.

236위 **我被你吓得够呛。**
Wǒ bèi nǐ xià de gòuqiàng.

A 天哪，我被你吓得够呛。
Tiān na, wǒ bèi nǐ xià de gòuqiàng.

B 对不起，我不知道会吓倒你。
Duì bu qǐ, wǒ bù zhī dào huì xià dǎo nǐ.

237위 **你疯了吗？**
Nǐ fēng le ma?

=你失去理智了？
Nǐ shīqù lǐzhì le?

A 我准备请假去旅行。
Wǒ zhǔnbèi qǐngjià qù lǚxíng.

B 你疯了吗？谁照顾孩子？
Nǐ fēng le ma? shuí zhào gù hái zi.

238위 여성용 양말에 올이 나갔을 때

너 스타킹 올이 나갔어.

- 봐봐, 너 스타킹 올이 나갔어.
- 어떡해? 회의 곧 시작인데.

239위 상대방이 서운했던 지난 일에 대해 잊지 못하고 여전히
언짢아 하고 있을 때

너 아직도 꽁해 있니?

- 오래전 일인데, 너 아직도 꽁해 있니?
- 아니야, 벌써 널 용서했어.

240위 전과 다르게 씀씀이가 는 사람에게

돈 엄청 벌었나 봐.

- 요즘 집도 사고 차도 사던데, 돈 엄청 벌었나 봐.
- 아무한테도 말하지 마, 사실 나 1등에 당첨됐어.

238위 **你的袜子刮破了。**
Nǐ de wàzi guāpò le.

A 你看，你的袜子刮破了。
Nǐ kàn, nǐ de wà zi guāpò le.

B 怎么办? 会议快开始了。
Zěnme bàn? Huìyì kuài kāishǐ le.

239위 **你还是想不开吗?**
Nǐ háishi xiǎngbukāi ma?

A 事情都过去这么久了，你还是想不开吗?
Shìqing dōu guòqù zhème jiǔ le, nǐ háishi xiǎngbukāi ma?

B 不是，我已经原谅你了。
Búshì, wǒ yǐjing yuánliàng nǐ le.

240위 **看来你赚了不少钱。**
Kànlai nǐ zhuàn le bùshao qián.

A 你最近又买房又买车，看来你赚了不少钱。
Nǐ zuìjìn yòu mǎi fáng yòu mǎi chē, kànlai nǐ zhuàn le bùshǎo qián.

B 不要告诉别人，其实我中了一等奖。
Bú yào gào su biéren, qíshí wǒ zhòng le yīděngjiǎng.

241위 – 252위

241위	둘은 정말 많이 닮았어.
242위	두 말하면 잔소리지!
243위	바가지 씌우지 말아요!
244위	바빠서 꼼짝도 못해.
245위	겨우 짬 내서 문자 보낸 거야.
246위	수작 부리지마.
247위	걘 백수야.
248위	나 화났으니까 말 붙이지마!
249위	그만 좀 해!
250위	세상 살 맛이 안 나.
251위	너 죽을래?
252위	꼴도 보기 싫어!

241위 — 252위

241위 你们两个实在太像了。
Nǐmen liǎngge shízài tài xiàng le.

242위 没的说!
Méi de shuō!

243위 你不要太黑了!
Nǐ búyào tài hēi le.

244위 我不能脱身。
Wǒ bùnéng tuōshēn.

245위 我好不容易抽空给你发短信了。
Wǒ hǎobùróngyì chōukòng gěi nǐ fā duǎnxìn le.

246위 别耍花样儿。
Bié shuǎ huāyàngr.

247위 他是个游手好闲的人。
Tā shì ge yóushǒu hàoxián de rén.

248위 我生气了,别跟我说话!
Wǒ shēngqì le, bié gēn wǒ shuōhuà!

249위 够了!
Gòu le!

250위 没有活头了。
Méiyǒu huótóu le!

251위 想死吗?
Xiǎng sǐ ma?

252위 不想看到你这副德行!
Bùxiǎng kàndào nǐ zhèfu déxing!

241위 사람 또는 사물의 생김새나 성질 따위가
다른 사람이나 사물과 서로 비슷할 때

둘은 정말 닮았어.

- 너도 고집 세고 그 사람도 고집 세. 너희 둘은 정말 많이 닮았어.
- 그런 말 많이 들었어, 그래서 우린 천생연분이지.

242위 이미 말한 내용이 틀림없으므로 더 말할 필요가 없음을 강조할 때

두말하면 잔소리지!

- 너희 담임 황선생님께서는 정말 친절 하시다던대, 그러니?
- 두말하면 잔소리지! 우린 다 황선생님을 너무 좋아하거든.

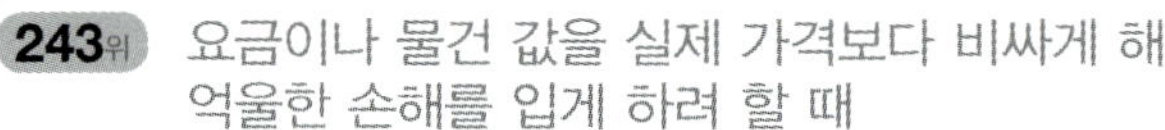

243위 요금이나 물건 값을 실제 가격보다 비싸게 해
억울한 손해를 입게 하려 할 때

바가지 씌우지 말아요!

- 갠 내 친구야, 개한테 물건을 팔 때 바가지 씌우지 마라.
- 알았어, 네가 소개해준 친구들한테 내가 언제 바가지 씌운
  적 있니?

241위

你们两个实在太像了。
Nǐmen liǎngge shízài tài xiàng le.

A 你很倔，他也很固执，你们两个实在太像了。
Nǐ hěn juè, tā yě hěn gùzhí, nǐmen liǎngge shízài tài xiàng le

B 这种话听到很多了，所以说我们是天生一对嘛。
Zhèzhǒng huà tīngdào hěnduō le, suǒyǐ shuō wǒmen shì tiānshēng yíduì ma.

242위

没的说!
Méideshuō!

=没说的! =好得没话说! =好得没法说!
Méi shuō de!　　　Hǎo de méi huà shuō!　　　Hǎo de méi fǎ shuō!

A 听说你们班主任黄老师非常亲切，是这样吗?
Tīngshuō nǐmen bānzhǔrèn huánglǎoshī fēicháng qīnqiè, shì zhèyàng ma?

B 没的说! 我们都很喜欢黄老师。
Méideshuō! Wǒmen dōu hěn xǐhuan huánglǎoshī.

243위

你不要太黑了!
Nǐ búyào tài hēi le.

-你不要太宰人!
Nǐ búyào tài zǎirén!

A 他是我朋友，卖东西给他的时候不要太黑了。
Tā shì wǒ péngyou, mài dōngxi gěi tā deshíhou búyào tài hēi le.

B 我知道，你介绍的朋友我什么时候黑过啊?
Wǒ zhīdào, nǐ jièshào de péngyou wǒ shénme shíhou hēiguo a?

223

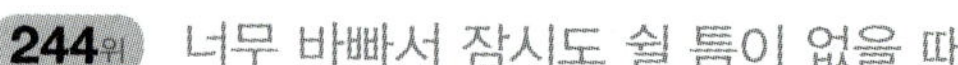

244위 너무 바빠서 잠시도 쉴 틈이 없을 때

바빠서 꼼짝도 못해.

- 지금 시간 있어? 너한테 할 말이 좀 있어.
- 저녁에 집에 가서 얘기하면 안될까? 지금 바빠서 꼼짝도 못해.

245위 바빠도 잊지 않고 연락했음을 강조할 때

겨우 짬 내서 문자 보낸거야.

- 오늘 무슨 날이길래 너 같이 바쁜 사람이 나한테 연락을 다했어.
- 말 그렇게 할래! 겨우 짬 내서 문자 보낸거야.

246위 남의 말이나 행동, 계획을 낮잡아 이를 때

수작 부리지마.

- 바른대로 말해, 수작 부리지 말고.
- 다 사실이라니까요. 제가 감히 속이겠습니까?

244위 我不能脱身。

Wǒ bùnéng tuōshēn.

=我脱不开身。　=我抽不出身。

Wǒ tuōbukāi shēn.　　Wǒ chōubuchū shēn.

A 你现在有时间吗？有些话想跟你说。
Nǐ xiànzài yǒu shíjiān ma? Yǒu xiē huà xiǎng gēn nǐ shuō.

B 晚上回家说不行吗？现在我不能脱身。
Wǎnshang huíjiā shuō bùxíng ma? Xiànzài wǒ bùnéng tuōshēn.

245위 我好不容易抽空给你发短信了。

Wǒ hǎoburóngyì chōukòng gěi nǐ fā duǎnxìn le.

A 今天是什么日子，你这个大忙人竟然联系我了。
Jīntiān shì shénme rìzi, nǐ zhège dà mángrén jìngrán liánxì wǒ le.

B 别这么说! 我好不容易抽空给你发短信了。
Bié zhème shuō. Wǒ hǎoburóngyì chōukòng gěi nǐ fā duǎnxìn le.

246위 别耍花样儿。

Bié shuǎ huāyàngr.

=别耍鬼把戏。　=别耍花招。

Bié shuǎ guǐ bǎxì.　　Bié shuǎ huāzhāo.

A 你最好说真话，别耍花样儿。
Nǐ zuì hǎo shuō zhēnhuà, bié shuǎ huāyàngr.

B 这些都是真话。我怎么敢骗你啊？
Zhèxiē dōu shì zhēnhuà. Wǒ zěnme gǎn piàn nǐ a?

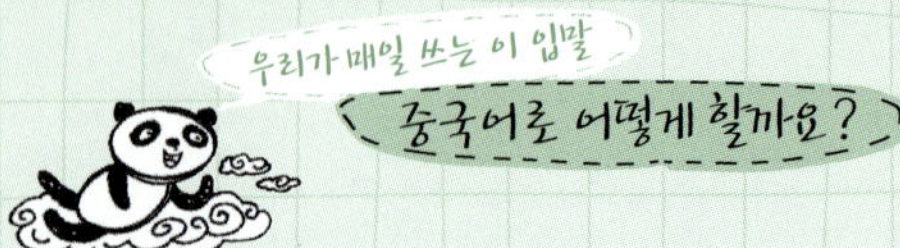

247위 하는 일 없이 빈둥거리며 놀고먹는 사람을 가리켜

걘 백수야.

- 샤오리의 남자친구 알아? 뭐 하는 사람이야?
- 걘 백수야, 아무 일도 안해.

248위 기분이 좋지 않으니 간섭하지 말라고 할 때

나 화났으니까 말 붙이지마!

- 나 화났으니까 말 붙이지마!
- 아까 다들 너한테 농담한 것뿐이야. 소심하게 굴지마.

249위 어떤 말이나 행동을 듣고 보는 데 지쳤을 때

그만 좀 해!

- 요며칠 왜 이렇게 늦게 들어와? 어디서 뭐하고 돌아다니는 거야?
- 그만 좀 해, 내가 누구 때문에 이러고 다니는데.

247위 他是个游手好闲的人。

Tā shì ge yóushǒu hàoxián de rén.

A 你认识小李的男朋友吗？他是做什么工作的？
Nǐ rènshi xiǎo Lǐ de nánpéngyou ma? Tā shì zuò shénme gōngzuò de?

B 他是个游手好闲的人，什么也不做。
Tā shì ge yóushǒu hàoxián de rén, shén me yě bú zuò.

248위 我生气了，别跟我说话！

Wǒ shēngqì le, bié gēn wǒ shuōhuà!

=我生气了，别理我！
Wǒ shēngqì le, bié lǐ wǒ!

A 我生气了，别跟我说话！
Wǒ shēngqì le, bié gēn wǒ shuōhuà!

B 大家刚才只不过和你开个玩笑而已，不要
这么小气嘛。 Dàjiā gāngcái zhǐbúguò hé nǐ kāi ge wánxiào éryǐ,
búyào zhème xiǎoqì ma.

249위 够了！

Gòu le!

=行了！
Xíng le!

A 这几天你怎么回家这么晚？上哪儿鬼混去了？
Zhèjǐtiān nǐ zěnme huíjiā zhème wǎn. Shàng nǎr guǐ hùn qù le?

B 够了，我做的都是为了谁啊！
Gòu le, wǒ zuò de dōu shì wèile shéi a!

227

250위 세상을 살아가는 재미나 의욕을 잃었을 때

세상 살맛이 안 나.

– 왜 그래? 무슨 안 좋은 일이 있어?
– 회사에서 잘렸어. 세상 살맛이 안 나.

251위 상대편에게 으름장을 놓거나 상대편을 위협할 때

너 죽을래?

– 듣자하니 너 내 뒷담화하고 다닌다며, 죽을래?
– 누가 그래! 가당치도 않아!

252위 가뜩이나 미운 사람이 노는 꼴 또는 기뻐하는 것이
몹시 아니꼽고 보기 싫을 때

꼴도 보기 싫어!

– 꼴도 보기 싫어! 너를 볼 때마다 화가 나서 참을 수가 없어.
– 왜? 내가 뭘 잘못했는데?

250위

没有活头了。

Méiyǒu huótóu le.

=没有活路了。 =没有活下去念头了！

Méiyǒu huólùle.　　　　Méiyǒu huóxiàqu niàntóu le.

A 你怎么了？有什么不好的事情吗？
Nǐ zěnme le? Yǒu shénme bùhǎo de shìqing ma?

B 我被炒鱿鱼了，没有活头了。
Wǒ bèi chǎo yóuyú le, méiyǒu huótóu le.

251위

想死吗？

Xiǎng sǐ ma?

=不想活了？ =找死啊？

Bùxiǎng huó le?　　　Zhǎosǐ a?

A 听说你经常在背后说我的坏话，想死吗？
Tīngshuō nǐ jīngcháng zài bèihòu shuō wǒ de huàihuà, xiǎng sǐ ma?

B 你听谁说的啊！这怎么可能！
Nǐ tīng shuí shuō de a! Zhè zěnme kěnéng!

252위

不想看到你这副德行！

Bùxiǎng kàndào nǐ zhèfù déxing!

A 不想看到你这副德行，每次看到你，我都忍不住生气。
Bùxiǎng kàndào nǐ zhèfù déxing, měicì kàndào nǐ, wǒ dōu rěnbuzhù shēngqì.

B 为什么？我做错什么了？
Wèishénme? Wǒ zuòcuò shénme le?

253위 - 264위

253위	당근이지.
254위	요점만 말해!
255위	한 번만 봐주세요.
256위	불행 중 다행이다.
257위	세월이 약이야.
258위	나 길치야.
259위	눈에 넣어도 안 아플 정도지.
260위	우리는 마음이 통하잖아.
261위	완전 구제불능이야!
262위	정말 눈부시게 예뻐.
263위	그 여자는 성미가 까다로워.
264위	다이어트 한 거야?

253위 – 264위

253위 当然啦。
Dāngrán la!

254위 说重点！
Shuō zhòngdiǎn!

255위 行行好吧。
Xíngxing hǎo ba.

256위 不幸中的万幸。
Búxìng zhōng de wànxìng.

257위 时间可以冲淡一切。
Shíjiān kěyǐ chōngdàn yíqiè.

258위 我是个路痴。
Wǒ shì gè lùchī.

259위 捧在手里怕掉了，含在嘴里怕化了。
Pěngzài shǒulǐ pà diào le, hánzài zuǐlǐ pà huà le.

260위 我们心灵相通。
Wǒmen xīnlíng xiāngtōng.

261위 完全是无可救药！
Wánquán shì wúkějiùyào!

262위 她真的很美。
Tā zhēnde hěn měi.

263위 她不好惹。
Tā bùhǎo rě.

264위 减肥了吗？
Jiǎnféi le ma?

253위 일의 앞뒤 사정을 놓고 볼 때에 마땅히 그러함을 나타낼 때

당근이지.

– 이 일 맘에 들어?
– 당근이지. 안 그러면 내가 왜 계속 여기에 있겠니?

254위 가장 중요하고 중심이 되는 사실만 듣고 싶을 때

요점만 말해!

– 헛소리 그만 하고, 요점만 말해!
– 좋아, 마음 단단히 먹어, 충격 받으면 안돼.

255위 남의 입장을 살펴 이해하거나 잘못을 덮어주라고 부탁할 때

한 번만 봐주세요.

– 선생님, 한 번만 봐주세요! 이번 성적은 부모님께 알리지 마세요.
– 안돼, 부모님도 아셔야지.

253위 当然啦。
Dāngrán la!

A 你喜欢这份工作吗？
Nǐ xǐhuan zhèfèn gōngzuò ma?

B 当然啦，不然我为什么一直在这里呢!
Dāngrán la, bùrán wǒ wèishénme yìzhí zài zhèlǐ ne!

254위 说重点!
Shuō zhòngdiǎn!

A 废话少说，说重点!
Fèihuà shǎo shuō, shuō zhòngdiǎn!

B 好吧，你做好心理准备，不要受打击。
Hǎo ba, nǐ zuòhǎo xīnlǐ zhǔnbèi, búyào shòu dǎjī.

255위 行行好吧。
Xíngxing hǎo ba!

=照顾一回吧。
Zhàogù yìhuí ba.

A 老师，行行好吧! 这次的成绩别告诉我父母了。
Lǎoshī, xíngxing hǎo ba! zhècì de chéngjì bié gàosu wǒ fùmǔ le.

B 不行，你父母也该知道。
Bùxíng, nǐ fùmǔ yě gāi zhīdao.

233

256위 불행 가운데서 그나마 그만하면 다행일 때

불행 중 다행이다.

- 며칠 전에 나 교통사고를 당했어.
- 그래도 살았으니 정말 불행 중 다행이다.

257위 아무리 가슴 아프고 속에 맺혔던 일도 시간이 흐르고 나면 자연히 잊게 된다는 말

세월이 약이야.

- 비록 헤어졌지만 아직도 그녀를 못 잊겠어.
- 세월이 약이야, 곧 더 좋은 여자가 생길거야.

258위 길눈이 어두운 사람

나 길치야.

- 너 거기 가 본 적 있지? 나 좀 데려다 줄래?
- 나 길치야. 가보긴 했어도, 어떻게 가야 할지 몰라.

256위 不幸中的万幸。

Búxìng zhōng de wànxìng!

A 前几天我遭遇了车祸。
Qiánjǐtiān wǒ zāoyù le chēhuò.

B 但是你能活下来，真是不幸中的万幸。
Dànshi nǐ néng huóxiàlai, zhēn shi búxìng zhōng de wànxìng!

257위 时间可以冲淡一切。

Shíjiān kěyǐ chōngdàn yíqiè.

A 虽然分手了，可是我还是忘不掉她。
Suīrán fēnshǒu le, kěshì wǒ háishi wàngbudiào tā.

B 时间可以冲淡一切，你很快会找到更好的女人。
Shíjiān kěyǐ chōngtàn yíqiè, nǐ hěn kuài huì zhǎo dào gèng hǎo de nǚrén.

258위 我是个路痴。

Wǒ shì gè lùchī.

A 你不是去过那里吗？带我去吧？
Nǐ búshi qùguo nàli mā? Dài wǒ qù ba?

B 我是个路痴，很多地方虽然去过，但是第二次去又不知道怎么走了。
Wǒ shì gè lùchī, hěnduō dìfang suīrán qùguo, dànshi dìèrcì qù yòu bù zhīdào zěnme zǒu le.

259위 너무 귀엽다는 표현

눈에 넣어도 안 아플 정도지.

- 요새 부모들은 자식을 너무 감싸고 돌아. 눈에 넣어도 안 아플 정도지.
- 그러게, 이러면 애들한테도 득될게 없는데.

260위 호흡이 척척 맞는 사람끼리

우리는 마음이 통하잖아.

- 너랑 나랑 생각이 어떻게 똑같지?
- 우리는 마음이 통하잖아.

261위 도움이나 충고 따위가 먹히지 않는 사람을 보고

완전 구제불능이야!

- 그는 완전 구제불능이야! 도박에서 손 뗀다고 맹세해놓고 또 포커를 쳐요.
- 신경 꺼, 그는 타고난 노름꾼이야.

259위

捧在手里怕掉了，含在嘴里怕化了。

Pěngzài shǒulǐ pà diào le, hánzài zuǐlǐ pà huà le.

A 现在的父母太溺爱孩子了。捧在手里怕掉了，含在嘴里怕化了。 Xiànzài de fùmǔ tài nì'ài háizi le.
Pěng zài shǒu lǐ pà diào le, hán zài zuǐ lǐ pà huà le.

B 是啊，这样的爱没有好处。
Shì a, zhèyàng de ài méiyǒu hǎochù.

260위

我们心灵相通。

Wǒmen xīnlíng xiāngtōng.

=我们心心相印。　=我们有默契
Wǒmen xīnxīnxiāngyìn.　　Wǒmen yǒu mòqì.

A 你和我的想法怎么会一样呢？
Nǐ hé wǒ de xiǎngfǎ zěnme huì yíyàng ne?

B 因为我们心灵相通。
Yīnwèi wǒmen xīnlíng xiāngtōng.

261위

完全是无可救药!

Wánquán shì wúkějiùyào!

=完全是不可救药!
Wánquán shì bùkějiùyào!

A 他完全无可救药，发誓要戒赌还在和人打扑克。
Tā wánquán shì wúkějiùyào, fāshì yào jièdǔ hái zài hé rén dǎ pūkè.

B 别管他了，他就是一个天生的赌徒。
Bié guǎn tā le, tā jiù shì yíge tiānshēng de dǔtú.

237

262위 아름다운 외모를 칭찬할 때

정말 눈부시게 예뻐.

– 왕리 알아? 슈퍼스타가 됐다는데.
– 내 학교 선배야, 정말 눈부시게 예뻐.

263위 성미나 취향 따위가 원만하지 않고 별스럽게 까탈이 많은 사람을 보고

그 여자는 성미가 까다로워.

– 너희 부서에 새 부장님이 오셨다며, 어때?
– 말도마, 그 여자는 성미가 까다로워, 근데 능력은 있더라.

264위 몰라보게 살이 빠진 사람을 봤을 때

다이어트 한 거야?

– 살이 많이 빠졌다. 다이어트 한 거야?
– 응. 지금 먹는 양을 줄이고 있어.

262위

她真的很美。
Tā zhēnde hěn měi!

=她很闪亮! =她让人眼前一亮!
Tā hěn shǎnliàng! Tā ràng rén yǎnqián yí liàng!

A 你认识王莉吗？据说她现在成了大明星哦。
Nǐ rènshi Wáng Lì ma? Jùshuō tā xiànzài chéng le dàmíngxīng o.

B 她是我的学姐，她真的很美！
Tā shì wǒ de xuéjiě, tā zhēnde hěn měi!

263위

她不好惹。
Tā bùhǎo rě.

=她很难搞。 =她不好伺候。
Tā hěn nángǎo. Tā bùhǎo cìhou.

A 听说你们部门来了个新部长，怎么样？
Tīngshuō nǐmén bù mén lái le ge xīn bùzhǎng, zěnmeyang?

B 别提了，她不好惹，可是很能干。
Bié tí le, tā bùhǎo rě, kě shì hěn nénggàn.

264위

减肥了吗？
Jiǎnféi le ma?

A 你瘦多了，减肥了吗？
Nǐ shòuduō le, jiǎnféi le ma?

B 是的，现在正在节食呢。
Shì de, xiànzài zhèngzài jiéshí ne.

265위 – 276위

265위 너무 서두르지 마.

266위 오늘 표정이 왜 그렇게 안 좋아?

267위 너무 기운 없어 보인다.

268위 지난 일에 연연해하지 마.

269위 나 여기 단골이야.

270위 난 전적으로 찬성이야.

271위 아직 초저녁이야.

272위 일정이 바뀌는 대로 즉시 연락주세요.

273위 오고 싶을 땐 언제든지 놀러 와.

274위 우린 만나자마자 마음이 서로 통했어.

275위 이런 감정은 처음이야.

276위 소름이 쫙 끼쳤어.

265위 **别太急。**
Bié tài jí.

266위 **你干嘛整天摆张臭脸啊？**
Nǐ gànmá zhěngtiān bǎi zhāng chòuliǎn a.

267위 **你看起来好没力气啊。**
Nǐ kànqǐlai hǎo méi lìqi a.

268위 **过去的事情就让它过去吧。**
Guòqù de shìqing jiù ràng tā guòqu ba.

269위 **我是这里的常客。**
Wǒ shì zhèlǐ de chángkè.

270위 **我完全赞成。**
Wǒ wánquán zànchéng!

271위 **夜晚才刚开始呢。**
Yèwǎn cái gāng kāishǐ ne!

272위 **如果日程有变及时联系我。**
Rúguǒ rìchéng yǒu biàn jíshí liánxì wǒ.

273위 **想来的话什么时候都可以来玩。**
Xiǎnglái dehuà shénme shíhou dōu kěyǐ lái wán.

274위 **我们相见恨晚。**
Wǒmen xiāngjiàn hèn wǎn.

275위 **我从来没有这种感觉。**
Wǒ cónglái méiyǒu zhèzhǒng gǎnjué.

276위 **鸡皮疙瘩都起来了。**
Jīpígēda dōu qǐlai le.

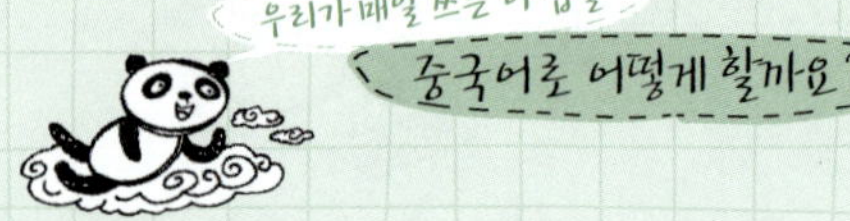

265위 일을 빨리 해치우려고 급하게 바삐 움직이지 말라고 할 때

너무 서두르지 마.

– 엄마! 학교 다녀 오겠습니다. 지각할 것 같아요.
– 그래도 너무 서두르지 마, 차 조심 하고.

266위 상대의 안 좋은 안색을 보고 염려할 때

오늘 표정이 왜 그렇게 안 좋아?

– 오늘 표정이 왜 그렇게 안 좋아? 무슨 고민 있어?
– 걱정할 필요없어. 나 혼자 있고 싶어.

267위 상대방이 힘이 없어 보일 때

너무 기운 없어 보인다.

– 너무 기운 없어 보인다. 어젯밤에 잠 못잤어?
– 친구들이랑 밤새도록 놀았어. 지금은 예전같지 않게 너무 피곤하네.

265위 别太急。
Bié tài jí.

=别着急。
Bié zháojí.

A 妈! 我去上学，快迟到了。
Mā! Wǒ qù shàng xué, kuài chídào le

B 那也别太急，路上注意车。
Nà yě bié tài jí, lùshang zhùyì chē.

266위 你干嘛整天摆张臭脸啊？
Nǐ gànmá zhěngtiān bǎi zhāng chòuliǎn a?

A 你干嘛整天摆张臭脸啊？ 有什么烦心事儿？
Nǐ gànmá zhěngtiān bǎi zhāng chòuliǎn a? Yǒu shénme fánxin shìr?

B 不用担心我。我想一个人静静。
Búyòng dānxin wǒ. Wǒ xiǎng yígerén jìngjing.

267위 你看起来好没力气啊。
Nǐ kànqilai hǎo méi lìqi a.

A 你看起来好没力气啊。是不是昨天一晚上没睡？
Nǐ kànqilai hǎo méi lìqi a. Shìbushì zuótiān yìwǎnshang méishuì?

B 我和朋友玩了一个通宵。今时不同往日了，
觉得特别累。 Wǒ hé péngyou wán le yíge tōngxiāo.
Jīnshí bù tóng wǎngrì le, juéde tèbié lèi.

268위 상대가 지난 일에 집착하여 미련을 가질 때

지난 일에 연연해하지 마.

– 지난 일에 연연해하지 마. 그래야 기분이 좀 나아지지.
– 말이야 쉽지. 네가 한번 당해봐, 너무 힘들어.

269위 어떤 곳을 늘 이용하는 사람임을 강조할 때

나 여기 단골이야.

– 손님, 죄송한데 자리가 없습니다. 다음에 찾아 주십시오.
– 나 여기 단골인데. 사장님한테 가서 말 좀 잘 해봐요.

270위 타인의 의견을 기꺼이 지지할 때

난 전적으로 찬성이야.

– 이 방안에 동의할 거야? 의견이 있으면 얘기해 봐.
– 난 전적으로 찬성이야, 이건 정말 완벽해.

268위 **过去的事情就让它过去吧**。
Guòqù de shìqing jiù ràng tā guòqu ba.

A 过去的事情就让它过去吧，这样你会开心点。
Guòqù de shìqing jiù ràng tā guòqu ba, zhèyàng nǐ huì kāixin diǎn.

B 说得容易，你来试试，这太难了。
Shuō de róngyì, nǐ lái shìshi, zhè tài nán le.

269위 **我是这里的常客**。
Wǒ shì zhèli de chángkè.

A 先生，不好意思，我们的座位满了。下次再来吧。
Xiānsheng, bùhǎoyìsi, wǒmen de zuòwèi mǎn le. Xiàci zài lái ba.

B 我是这里的常客。你找经理想想办法。
Wǒ shì zhèli de chángkè. Nǐ zhǎo jīnglǐ xiǎng xiang bànfǎ.

270위 **我完全赞成**。
Wǒ wánquán zànchéng!

＝我双手赞成。
Wǒ shuāngshǒu zànchéng.

A 你同意这个方案吗？有意见可以提出来。
Nǐ tóngyì zhège fāng'àn ma? Yǒu yìjiàn kěyǐ tíchūlai.

B 我完全赞成，这个已经很完美了。
Wǒ wánquán zànchéng, zhège yǐjing hěn wánměi le.

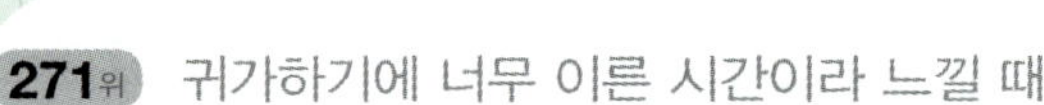

271위 귀가하기에 너무 이른 시간이라 느낄 때

아직 초저녁이야.

- 너무 늦었어, 더 마시지 말고 집에 가자.
- 너 정말 흥 깬다, 아직 초저녁이야.

272위 일의 진행 상황을 통보받기 원할 때

일정이 바뀌는 대로 즉시 연락주세요.

- 일정이 바뀌는 대로 즉시 연락주세요.
- 네, 알겠습니다. 변동사항이 생기면 알려드릴게요.

273위 언제든지 부담없이 방문해도 됨을 알릴 때

오고 싶을 땐 언제든지 놀러 와.

- 오늘 잘 놀다 가. 고마워.
- 뭘, 오고 싶을 땐 언제든지 놀러와. 앞으로 자주 왕래하자.

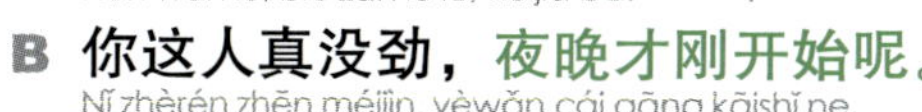

271위 夜晚才刚开始呢。

Yè wǎn cái gāng kāishǐ ne!

A 很晚了，别再喝了，回家吧。
Hěn wǎn le, bié zài hē le, huíjiā ba.

B 你这人真没劲，夜晚才刚开始呢。
Nǐ zhèrén zhēn méijìn, yèwǎn cái gāng kāishǐ ne.

272위 如果日程有变及时联系我。

Rúguǒ rìchéng yǒu biàn jíshí liánxì wǒ.

A 如果日程有变及时联系我。
Rúguǒ rìchéng yǒu biàn jíshí liánxì wǒ.

B 好的，没问题。有任何变动，我都会通知您。
Hǎo de, méi wèntí. Yǒu rènhé biàndòng, wǒ dōu huì tōngzhī nín.

273위 想来的话什么时候都可以来玩。

Xiǎng lái dehuà shénme shíhou dōu kěyǐ lái wán.

=随时欢迎你来玩儿。
Suíshí huānyíng nǐ lái wánr.

A 今天在你家玩得真开心，谢谢。
Jīntiān zài nǐ jiā wán de zhēn kāixin, xièxie.

B 哪里，想来的话什么时候都可以来玩。
以后经常来往吧！ Nǎli, xiǎng lái dehuà shénme shíhou dōu
kěyǐ lái wán. Yǐhòu jīngcháng láiwǎng ba!

274위 첫 만남에서부터 서로 마음이 잘 맞을 때

우린 만나자마자 마음이 서로 통했어.

- 샤오리우랑 친해?
- 우린 며칠 전에 알았지만 만나자마자 마음이 서로 통했어, 진작 만났으면 좋았을걸.

275위 이전과는 색다른 사랑의 감정을 느꼈을 때

이런 감정은 처음이야.

- 어떡해! 이런 감정은 처음이야.
- 축하해, 드디어 사랑에 빠졌구나!

276위 너무 무서운 것을 봤을 때

소름이 쫙 끼쳤어.

- 영화 〈검은 집〉 봤어? 진짜 무섭다던데.
- 응, 볼 때 너무 무서워서 소름이 쫙 끼쳤어.

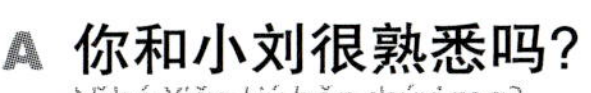
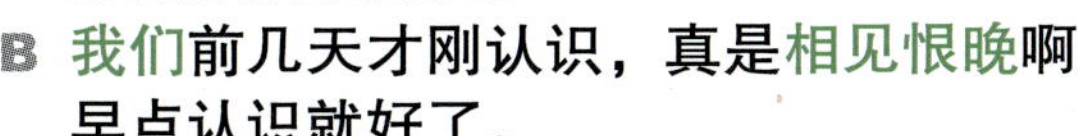

274위 我们相见恨晚。

Wǒmen xiāngjiàn hènwǎn.

A 你和小刘很熟悉吗?
Nǐ hé Xiǎo Liú hěn shúxi ma?

B 我们前几天才刚认识,真是相见恨晚啊,
早点认识就好了。
Wǒmen qiánjǐtiān cái gāng rènshi de, zhēnshì xiāngjiàn hènwǎn a,
zǎodiǎn rènshi jiù hǎo le.

275위 我从来没有这种感觉。

Wǒ cónglái méiyǒu zhèzhǒng gǎnjué.

A 天哪,我从来没有这种感觉。
Tiān na, wǒ cónglái méiyǒu zhèzhǒng gǎnjué.

B 恭喜,你终于陷入爱河了。
Gōngxǐ, nǐ zhōngyú xiànrù àihé le!

276위 鸡皮疙瘩都起来了。

Jīpígēda dōu qǐlai le.

=都起鸡皮疙瘩了。
Dōu qǐ jīpígēda le

A 你看过《黑房子》吗?据说很恐怖啊。
Nǐ kànguò ⟨hēifángzi⟩ ma? Jùshuō hěn kǒngbù a.

B 是啊,我看的时候吓得我鸡皮疙瘩都起来了。
Shì a, wǒ kàn deshíhou xià de wǒ jīpígēda dōu qǐlai le.

249

277위 – 288위

277위 비밀 지킬게.

278위 좋은 생각이 났어요.

279위 쟤는 어디 가도 굶어 죽진 않을 거야.

280위 다른 사람에게 떠넘기려고 하지 마.

281위 제발!

282위 내 말 좀 끝까지 들어.

283위 너무 치사하다.

284위 내 눈에 흙이 들어가기 전엔 안 돼.

285위 동전 던지기로 결정하자.

286위 정말 완벽하다!

287위 저리 가! 꺼져!

288위 두고보자.

277위 – 288위

277위 我保密。
Wǒ bǎomì.

278위 我突然想到一个好主意。
Wǒ tūrán xiǎngdào yíge hǎo zhǔyi.

279위 他到哪里都不会饿死的。
Tā dào nǎli dōu búhuì èsǐ de.

280위 你最好别把责任推卸到别人身上。
Nǐ zuìhǎo bié bǎ zérèn tuīxièdào biérén shēnshàng.

281위 拜托！
Bàituō!

282위 听我把话说完。
Tīng wǒ bǎ huà shuōwán.

283위 真是卑鄙的手段。
Zhēnshì bēibǐ de shǒuduàn.

284위 除非我死了。
Chúfēi wǒ sǐ le.

285위 我们抛硬币决定吧。
Wǒmen pāo yìngbì juédìng ba.

286위 真太完美了！
Zhēn tài wánměi le.

287위 上一边去！滚！
Shàng yìbiān qù Gǔn!

288위 等着瞧吧。
Děngzheqiáo ba.

277위 비밀을 지키겠다는 다짐을 할 때

비밀 지킬게.

– 이 비밀은 아무도 몰라, 절대 말하지 마.
– 알았어. 비밀 지킬게.

278위 어떤 느낌이나 생각이 떠올랐을 때

좋은 생각이 났어요.

– 좋은 생각이 났어요.
– 그래? 말해 봐. 솔깃한데.

279 위 언제 어디에서나 적응력이 뛰어나고
능력을 잘 발휘하는 사람을 보고

쟤는 어디 가도 굶어 죽진 않을 거야.

– 리쥔은 능력도 좋아, 그는 자기가 번 돈으로 대학을 다녔대.
– 맞아, 너무 대단해. 쟤는 어디 가도 굶어 죽진 않을 거야.

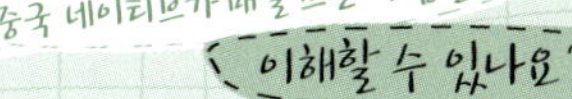

277 위 我保密。
Wǒ bǎomì.

A 这个秘密谁都不知道，你可别说出去。
Zhège mìmi shéi dōu bù zhīdào, nǐ kě bié shuōchūqu.

B 知道了。我保密。
Zhīdao le. Wǒ bǎomì.

278 위 我突然想到一个好主意。
Wǒ tūrán xiǎngdào yíge hǎo zhǔyi.

A 我突然想到一个好主意。
Wǒ tūrán xiǎngdào yíge hǎo zhǔyi.

B 是吗？说来听听，我很感兴趣。
Shì ma? Shuōlái tīngting, wǒ hěn gǎn xìngqù.

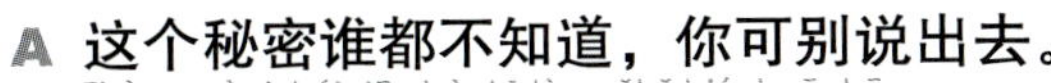

279 위 他到哪里都不会饿死的。
Tā dào nǎli dōu búhuì èsǐ de.

A 李俊能力很强，据说他是凭着自己赚的钱上的大学呢。
Lǐ Jùn nénglì hěn qiáng, jùshuō tā shì píngzhe zìjǐ zhuàn de qián shàng de dàxué ne.

B 没错，他很厉害，他到哪里都不会饿死的。
Méicuò tā hěn lìhai, tā dào nǎlǐ dōu búhuì èsǐde.

280위 자기의 책임을 남에게 전가하려 할 때

다른 사람에게 떠넘기려고 하지 마.

– 이번 실수는 내 탓이 아니야, 다들 책임이 있잖아.
– 다른 사람에게 떠넘기려고 하지 마, 네가 저지른 실수가 가장 커.

281위 남에게 간절하게 부탁할 때

제발!

– 이번엔 꼭 도와줘, 네가 나를 도와주지 않으면 난 죽어, 제발!
– 일이 지금 이 지경이라 나도 어쩔 수 없어.

282위 상대방이 내 말을 다 듣지 않고 자를 때

내 말 좀 끝까지 들어.

– 내 말 좀 끝까지 듣고 말해 줄래?
– 미안해, 계속 말해.

280위 你最好别把责任推卸到别人身上。

Nǐ zuìhǎo bié bǎ zérèn tuīxièdào biérén shēnshàng.

A 这次的失误不是我的错啊，大家都有责任的。
Zhècì de shīwù búshì wǒ de cuò a, dàjiā dōu yǒu zérèn de.

B 你最好别把责任推卸到别人身上，其中你犯的错最大。 Nǐ zuìhǎo bié bǎ zérèn tuīxièdào biérén shēnshàng, qízhōng nǐ fàn de cuò zuì dà.

281위 拜托！

Bàituō!

A 这次你一定要帮我，你都不帮我的话我肯定死定了，拜托！
Zhècì nǐ yídìng yào bāng wǒ, nǐ dōu bù bāng wǒ dehuà wǒ kěndìng sǐdìng le, bàituō!

B 事情到了现在这地步，我也无能为力了。
Shìqíng dào le xiànzài zhè dìbù, wǒyě wúnéngwéilì le.

282위 听我把话说完。

Tīng wǒ bǎ huà shuōwán.

= 把我的话听完。
Bǎ wǒ dehuà tīngwán.

A 听我把话说完，你再说话行不行？
Tīng wǒ bǎ huà shuōwán, nǐ zài shuōhuà xíngbuxíng?

B 对不起，你继续说。
Duìbuqǐ, nǐ jìxù shuō.

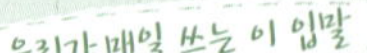

283위 행동이나 말 따위가 쩨쩨하고 남부끄러울 때

너무 치사하다.

- 그는 여기저기에 상대방의 헛소문을 퍼뜨리고 다녀.
- 그 남자 정말 못쓰겠네, 너무 치사하다.

284위 죽기 전에는 절대로 허락 할 수 없다는 표현

내 눈에 흙이 들어가기 전엔 안 돼.

- 그 놈이랑 결혼한다고? 내 눈에 흙이 들어가기 전엔 안 돼.
- 그 사람이 아니면 저 시집 안 가요! 우린 절대 헤어질 수 없어요.

285위 어떤 결정을 할 때

동전 던지기로 결정하자. /가위바위보로 결정하자.

- 집에 또 간장이 떨어졌어. 네가 빨리 가서 사와.
- 왜 맨날 나야? 너는 한번도 안 가? 이번에는 우리 동전 던지기로 결정하자.

283위 真是卑鄙的手段。

Zhēnshì bēibǐ de shǒuduàn.

A 他到处散播对手的谣言。
Tā dàochù sànbō duìshǒu de yáoyán.

B 这男人真差劲，真是卑鄙的手段。
Zhè nánrén zhēn chàjìn, zhēnshì bēibǐ de shǒuduàn.

284위 除非我死了。

Chúfēi wǒ sǐ le.

=除非我进棺材了。
Chúfēi wǒ jìn guāncái le.

A 你想要和他结婚？除非我死了。
Nǐ xiǎngyào hé tā jiéhūn? Chúfēi wǒ sǐ le.

B 我非他不嫁！你不可能分开我们的。
Wǒ fēi tā bú jià! Nǐ bùkěnéng fēnkāi wǒmen de.

285위 我们抛硬币决定吧。

Wǒmen pāo yìngbì juédìng ba.

/我们石头剪子布吧。
Wǒmen shítou jiǎnzi bù ba.

A 家里又没酱油了，你赶紧去买吧。
Jiālǐ yòu méi jiàngyóu le, nǐ gǎnjǐn qù mǎi ba.

B 为什么每次都是我？你不能去一次的啊？
这次我们抛硬币决定吧。
Wèishénme měicì dōu shì wǒ? Nǐ bùnéng qù yícì de a? Zhècì wǒmen pāo yìngbì juédìng ba.

286위 뭐하나 흠잡을 데 없이 사람을 봤을 때

정말 완벽하다!

- 내 남자친구는 잘 생기고, 키도 크고, 집에 돈도 많고, 공부도 잘하고……
- 정말 완벽하다! 넌 참 복도 많다. 도시락 싸들고 다녀도 찾기 힘들겠다!

287위 눈 앞에 안 보이게 사라져 달라고 요구할 때

저리 가! 꺼져!

- 나랑 놀러 나간다고 약속했잖아, 왜 지금 이 시간이 되도록 아무 준비도 안 했어? 왜?
- 나 바쁜 거 안 보여! 저리가! 꺼져! 귀찮다 정말!

288위 잊지 않고 마음에 새겨 꼭 이루겠다는 표현

두고 보자.

- 아무것도 못하면서 또 이번 경기에 참가했니?
- 사람을 깔보지 마, 두고 보자, 난 이번에 꼭 성공할 거야.

286위 真太完美了!

Zhēn tài wánměi le!

A 我男朋友长得帅，个子高，家里有钱，学习又好……
Wǒ nánpéngyou zhǎng de shuài, gèzi gāo, jiālǐ yǒu qián, xuéxí yòu hǎo.

B 真太完美了! 你真有福气，真是打着灯笼也难找!
Zhēn tài wánměi le! Nǐ zhēn yǒu fúqì, zhēnshì dǎzhe dēnglong yě nán zhǎo!

287위 上一边去! 滚!

Shàng yìbiān qù! Gǔn!

A 我们不是约好出去玩的嘛，怎么现在这点儿了
还不准备准备？为什么？
Wǒmen búshì yuēhǎo chūqù wán de ma, zěnme xiànzài zhèdiǎnr le háibù zhǔnbèi zhǔnbèi? Wèishénme ?

B 你没看到我忙着嘛! 上一边去! 滚! 你真烦。
Nǐ méi kàndào wǒ mángzhe ma! Shàng yìbiān qù! Gǔn! Nǐ zhēn fán.

288위 等着瞧吧。

Děngzheqiáo ba.

=走着瞧吧。
Zǒuzheqiáo ba.

A 什么也不会，你还参加什么比赛？
Shénme yě búhuì, nǐ hái cānjiā shénme bǐsài?

B 别这么小看人! 等着瞧吧，我这次肯定会成功的。
Bié zhème xiǎokàn rén! Děngzheqiáo ba. wǒ zhècì kěndìng huì chénggōng de.

289위 - 300위

289위 몸이 한결 가뿐해.

290위 생각보다 별로 인데.

291위 넌 내 상대도 안돼.

292위 이 싸가지 없는 녀석!

293위 쟤는 날라리야.

294위 저 사람은 너무 건방져.

295위 그는 뒤로 호박씨 깐다.

296위 너무 오버 하지마.

297위 뭐 이런 놈이 다 있어?

298위 다 티 난다.

299위 남자는 여자 하기 나름이야.

300위 얼굴 참 두껍다.

289위 – 300위

289위 我觉得很轻松。
Wǒ juéde hěn qīngsōng.

290위 没我想像的好。
Méi wǒ xiǎngxiàng de hǎo.

291위 你根本不是我的对手。
Nǐ gēnběn bú shì wǒ de duìshǒu.

292위 你这没教养的家伙!
Nǐ zhè méi jiàoyǎng de jiāhùo.

293위 他是个混混。
Tā shì ge hùnhùn.

294위 那人太嚣张了。
Nà rén tài xiāozhāng le.

295위 他在人背后搞小动作。
Tā zài rén bèihòu gǎo xiǎodòngzuò.

296위 别太过分。
Bié tài guòfèn.

297위 这是什么人哪?
Zhè shì shénme rén na?

298위 太明显了。
Tài míngxiǎn le.

299위 成功的男人背后一定有个女人。
Chénggōng de nánrén bèihòu yídìng yǒu ge nǚrén.

300위 脸皮真厚。
Liǎnpí zhēn hòu.

289위 몸이 상태가 가볍고 상쾌할 때

몸이 한결 가뿐해.

– 5일 동안 휴가였는데, 잘 보냈지?
– 몸이 한결 가뿐해. 휴가가 좋긴 좋더라.

290위 어떤 결과가 기대에 미치지 못했을 때

생각보다 별로 인데.

– 아빠, 저 이번 시험에서 B+를 받았어요.
– 그래? 생각보다 별로 인데. 난 네가 A+를 받을 줄 알았거든.

291위 상대방보다 자신의 실력이 더 높다고 생각할 때

넌 내 상대도 안돼.

– 나랑 붙고 싶다고? 됐어. 넌 내 상대도 안돼.
– 경기는 아직 시작도 안 했잖아. 네가 어떻게 알아? 두고 봐!

289위

我觉得很轻松。
Wǒ juéde hěn qīngsōng.

A 休了五天假，过得很爽吧?
Xiū le wǔtiān jià, guò de hěn shuǎng ba?

B 我觉得很轻松，休假就是好啊。
Wǒ juéde hěn qīngsōng, xiūjià jiùshì hǎo a.

290위

没我想像的好。
Méi wǒ xiǎngxiàng de hǎo.

=比想的差一点儿。
Bǐ xiǎng de chà yìdiǎnr.

A 爸爸，我这次考了B＋。
Bàba , wǒ zhècì kǎo le B jiā.

B 是吗? 没我想像的好。我以为你能得A+呢。
Shì ma ? Méi wǒ xiǎngxiàng de hǎo. Wǒ yǐwéi nǐnéng dé A jiā ne.

291위

你根本不是我的对手。
Nǐ gēnběn bú shì wǒ de duìshǒu.

A 想和我斗? 省省吧，你根本不是我的对手。
Xiǎng hé wǒ dòu? Shěngsheng ba, nǐ gēnběn bú shì wǒ de duìshǒu.

B 比赛还没开始，你怎么知道? 等着瞧吧!
Bǐsài háiméi kāishǐ, nǐ zěnme zhīdao? Děngzheqiáo ba!

292위 버릇없는 없는 행동을 하는 사람에게

이 싸가지 없는 녀석!

– 아저씨가 뭔데? 왜 나한테 담배를 안 팔아?
– 이 싸가지 없는 녀석! 어른한테 이게 무슨 말버릇이야?

293위 언행이 어설프고 들떠서 미덥지 못한 사람을 낮잡아 이를 때 

쟤는 날라리야.

– 왕깡은 뭐하는 사람이야? 이 근처에서 싸돌아다니는 걸 매일 봤거든.
– 쟤는 날라리야. 맨날 놀기만 하고 제대로 된 직업도 없어.

294위 젠체하며 지나치게 주제 넘는 사람을 일컬어

저 사람은 너무 건방져.

– 저 사람은 너무 건방져. 무서운 게 없나봐.
– 언젠가 손해볼 날이 올거야.

292위 **你这没教养的家伙!**
Nǐ zhè méi jiàoyǎng de jiāhuo.

=你这没家教的家伙!
Nǐ zhè méi jiājiào de jiāhuo.

A 大叔，你算老几? 为什么不卖香烟给我?
Dàshū, nǐ suàn lǎojǐ? Wèishénme búmài xiāngyān gěi wǒ?

B 你这没教养的家伙! 有你这么跟大人说话的吗?
Nǐ zhè méi jiàoyǎng de jiāhuo! Yǒu nǐ zhème gēn dàrén shuōhuà de ma?

293위 **他是个混混。**
Tā shì ge hùnhùn.

A 王刚是做什么的? 我每天看到他这在附近乱逛。
Wáng Gāng shì zuò shénme de? Wǒ měitiān kàndào tā zài zhè fùjìn luàn guàng.

B 他是个混混，每天只知道玩，没个正经工作。
Tā shì ge hùnhùn, měitiān zhǐ zhīdao wán, méi ge zhèngjing gōngzuò.

294위 **那人太嚣张了。**
Nà rén tài xiāozhāng le.

A 那人太嚣张了，什么都不怕。
Nà rén tài xiāozhāng le, shénme dōu búpà.

B 总有一天他会吃亏的。
Zǒng yǒu yìtiān tā huì chīkuī de.

265

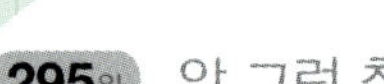

295위 안 그런 척 내숭을 떨 때

그는 뒤로 호박씨 깐다.

- 너 리우깡 조심해, 그는 뒤로 호박씨 깐다, 사람이 참 교활해.
- 설마, 네가 말하지 않았으면 난 몰랐을 텐데.
  그럼 앞으로 조심해야겠다.

296위 지나치게 행동하지 말라고 당부할 때

너무 오버 하지마.

- 걔 손 좀 봐줘야겠어. 정말 안하무인이야.
- 손 봐주는 것도 좋긴 한데, 너무 오버 하지마.

297위 상식 밖의 행동을 하는 사람을 보고 화나서 하는 말

뭐 이런 놈이 다 있어?

- 뭐 이런 놈이 다 있어? 3시간이나 기다렸는데 나타나지 않았어.
- 그런 놈은 앞으로 상대도 하지 마.

295위

他在人背后搞小动作。
Tā zài rén bèihòu gǎo xiǎodòngzuò.

A 你要小心刘刚，他在人背后搞小动作，为人很奸诈的。
Nǐ yào xiǎoxin Liú Gāng, tā zài rén bèihòu gǎo xiǎodòngzuò, wéirén hěn jiānzhà de.

B 不会吧，你不说我还真不知道，那我以后要小心点。
Búhuì ba, nǐ bù shuō wǒ hái zhēn bù zhīdào, nà wǒ yǐhòu yào xiǎoxin diǎn.

296위

别太过分。
Bié tài guòfèn.

=别太过火。
Bié tài guòhuǒ.

A 我准备给他点颜色，他真是眼中无人。
Wǒ zhǔnbèi gěi tā diǎn yánsè, tā zhēn shì yǎnzhōngwúrén.

B 这样也好，给他点教训，但是别太过分。
Zhèyàng yě hǎo, gěi tā diǎn jiàoxun, dànshì bié tài guòfèn le.

297위

这是什么人哪?
Zhè shì shénme rén na?

A 这是什么人哪? 我等了他三个小时，他没来。
Zhè shì shénme rén na? Wǒ děng le tā sānge xiǎoshí, tā méi lái.

B 那种人以后不要理了。
Nàzhǒng rén yǐhòu búyào lǐ le.

298위 어떤 태도나 기색을 전혀 감추지 못할 때

다 티 난다.

- 내가 그 사람 싫어하는 거 그렇게 티나?
- 그래, 다 티 난다. 넌 얼굴에 다 쓰여있어.

299위 남자의 성공은 여자의 노력 여하에 달려있다는 말을 할 때

남자는 여자 하기 나름이야.

- 왕사장님의 부인은 현모양처야, 그의 성공에는 그녀의 내조를
  빼놓을 수 없지.
- 그래서 남자는 여자 하기 나름이다라고 하잖아.

300위 부끄러움을 모르고 염치가 없을 때

얼굴 참 두껍다.

- 그사람 여기가 어디라고 찾아 온거야? 지난번 일은 하나도
  부끄럽지 않나 보지?
- 그놈 얼굴 참 두껍다, 쫓아버려.

298위 太明显了。

Tài míngxiǎn le.

A 我对他的反感表现的那么明显吗?
Wǒ duì tā de fǎngǎn biǎoxiàn de nàme míngxiǎn ma?

B 是啊, 太明显了。你想法都表现在脸上。
Shì a, tài míngxiǎn le. Nǐ xiǎngfǎ dōu biǎoxiànzài liǎnshàng.

299위 成功的男人背后一定有个女人。

Chénggōng de nánrén bèihòu yídìng yǒu ge nǚrén.

A 王经理的太太是位贤妻良母, 他的成功离不开她的支持。
Wáng jīng lǐ de tài tai shì wèi xián qī liáng mǔ, tā de chéng gōng lí bu kāi tā de zhī chí.

B 所以说嘛, 成功的男人背后一定有个女人。
Suǒyǐ shuō ma, chénggōng de nánrén bèihòu yídìng yǒu ge nǚrén.

300위 脸皮真厚。

Liǎnpí zhēn hòu.

=锥子扎都扎不透。

Zhuīzi zhā dōu zhābutòu.

A 他居然还敢来这里? 上次的事情他不觉得丢人吗?
Tā jūrán hái gǎn lái zhèli? Shàngcì de shìqing tā bù jué de diūrén ma?

B 他脸皮真厚。把他赶出去吧。
Tā liǎnpí zhēn hòu. Bǎ tā gǎnchūqu ba.

· 사 ·

· 하 ·